100業種・5000件
を解決したプロが明かす
23の技術

対面・電話・メールまで

クレーム対応「完全撃退」マニュアル

援川聡
株式会社エンゴシステム代表取締役

ダイヤモンド社

次のうち、あなたが「正しい」と思うものに、
チェックを入れてみてください。

- □ クレーム対応では、とにかく**「スピーディな行動」**を心がける
- □ **お客様第一主義**を貫き、常に「目配り」を怠らない
- □ 自分が受けたクレームは、何が何でも**責任をもって**解決する
- □ クレーマーも「お客様」だから、**顧客満足**の視点を忘れてはいけない
- □ 相手が納得するまで、**とことん話し合う**べきだ
- □ 事実関係がはっきりしないうちは、**「お詫び」してはいけない**
- □ 相手の理不尽な要求に対しては、**論理的に反論する**べきだ
- □ クレームの実態を把握するために、どんどん相手に**質問する**べきだ
- □ 相手が**大声**を張り上げたら、悪質なクレーマーとして**警戒**すべきだ
- □ クレーマーの本性を暴くために、相手の**心情まで踏み込んで**考えたほうがいい
- □ 相手の**誤解**が原因だとわかったら、話の腰を折ってでも、**すぐ指摘**するべきだ
- □ **「ネット炎上」**には最大の注意を払い、**特別な警戒態勢**を敷く必要がある
- □ クレーマーの要求に対しては、できる限り補償内容を小さくするべく**ギリギリまで交渉**するべきだ
- □ どんな相手でも、要求を断るときには、**言い分をすべて聞いて**からにしたほうがいい
- □ クレーマーは千差万別だから、事前準備するよりも**「でたとこ勝負」**するしかない

実は、前のページのチェックリストは、
すべて、クレーム対応において
「やってはいけないこと」です。
もし、１つでもチェックを入れていたら、
あなたは、悪質なクレーマーのワナにはまり、
対応が延々と長期化したり、
心が折れてしまったりする可能性があります。

はじめに

私は１９９５年、39歳のときに大阪府の警察官から民間の大手流通業（スーパーマーケット）に転職し、クレーム対応や危機管理に従事しました。そして、２００２年、クレーム対応専門のコンサルタントとして独立しました。

刑事時代、警察署近くの飲食店や商店の主人から、クレームの相談を受けることがありました。

当時、私は、このように告げていました。

「具体的な金銭の要求がなければ、事件ではありません」
「もめごとや民事の問題に、警察は直接介入しません」
「毅然と対応し、不当な要求は断ってください」

しかし、スーパーマーケットで勤め始めてから、「毅然と対応する」ことがどれほど難しいことかを、私は身をもって体験することになりました。昼夜を問わずかかってくる携帯電話の呼び出しに汗をかきながら、必死でノウハウを積み重ねました。

その後、独立して20年間近く、企業や店舗、病院、学校、役所など、**100業種以上**にのぼる組織・団体で、クレーム対応の講演やセミナー講師を務めてきました。同時に、顧問契約と単発の依頼を含め、クレーム対応やトラブルに悩む方々をリアルタイムでフォローし続けています。常時携帯電話を持ち、電話口やメールでのアドバイスを行なうほか、クレーマーと直接対峙することもあります。これまで、解決に導いてきたクレーム相談は、**5000件**をはるかに超えます。

こうした活動を通じて痛切に感じることは、世の中に、自己中心的でなかなか納得しないクレーマーが日々増殖し、社会環境が悪化していることです。

クレームとは本来、お客様から頂戴する「ご意見・ご指導・ご要望」です。しかし、現代社会においては、サービスを受ける側は便利さに慣れているため、少し待たされることすらも許容できないなど「我慢のできない人」が増えています。

サービスを提供する側が顧客満足（CS＝Customer-Satisfaction）を追求すればするほど、便利な世の中になればなるほど、「満足」のハードルは高くなり、不満を感じる人が増え、些細なことで怒りを爆発させる「モンスタークレーマー」が増加するという図式があるのです。

理不尽なクレーマーの言い分を聞きながら、先が見えない中で対応する現場の苦労と疲弊は、想像を絶するものがあります。

やがて、無力感とストレスで担当者の心が折れてしまい、負の空気感が退職の連鎖を招き、クレームを原因とした**「人手不足倒産」**に至る企業も実際に増えています。

□クレームの「現代史」と最新の傾向

クレーム事情の変遷には、いくつかの節目がありました。

まず、「クレーマー」という呼称を世に広めたのは、１９９９年に発覚した「東芝クレーマー事件」です。２００１年の「雪印牛肉偽装事件」も、業界全体の補助金詐取事件の発覚につながり、大きな社会問題として取り上げられました。「食品偽装」を疑うクレームが多発した時期です。

また、２００７年には、北海道土産として人気が高い『白い恋人（石屋製菓）』や、伊勢名物の『赤福餅（赤福）』の消費期限偽装が相次いで発覚し、さらに高級料亭「船《せん》場吉兆《ばきっちょう》」の産地偽装問題などが次々と発覚し、連日報道されました。

こうした事件を背景に、**企業に対する消費者の目がいっそう厳しくなった**と同時に、企業側はその対応に頭を悩ませることになりました。

私見で言えば、この頃から企業は「行き過ぎたお客様第一主義」の見直しを検討し始めました。つまり、**世相を味方につけた悪質なクレーマーには、毅然とした態度で臨まなければいけない**と考えるようになったのです。この頃、私のもとにも、全国の商工会議所や経営協会などから講演・セミナーの依頼が殺到しました。

そうした中、２０１１年に東日本大震災が起き、一般企業へのクレームが激減しました。ところが２０１３年、阪急阪神ホテルズに端を発した食品偽装が社会問題化し、２０１４年から15年にかけて『マクドナルドハンバーガー（日本マクドナルド）』や『ペヤングソースやきそば（まるか食品）』などで異物混入が発覚すると、**消費者の不安と不満は一気に再燃し、クレームの嵐が吹き荒れる**ようになりました。

こうした風潮は食品関連に限らず、あらゆる業界に波及しました。また、企業だけでなく、医療や教育、行政の各機関に対する市民の目も厳しさを増しました。

そして現在、クレーム事情はますます複雑化しています。消費者からの過剰な要求や理不尽な要求は、もはや「お客様の声」として対応できるレベルではなく、「ハラスメント」の領域として社会問題化しています。

詳しくは本文で解説しますが、これは**「カスタマーハラスメント」**と呼ばれ、労働組合や国も対策に本腰を入れ始めました。ひとつ対応を間違えると、ブログやＳＮＳにより瞬時に悪評が拡散する可能性もあります。

また、超高齢化社会を迎えた今、**「シルバーモンスター」**の存在も大きな脅威です。たとえば団塊世代のクレーマーには、現役時代に培った交渉力を武器にクレーム担当者を「論破」すること自体が目的化したケースが増え、担当者の頭を悩ませています。

全業種対応・全クレームを断ち切る「完全撃退マニュアル」

かつて、私は「マニュアル無用論者」でした。

多くの企業で、過去の事例などを元にした「クレーム対応マニュアル」がつくられ、なかには、想定問答集などを含めた数十ページにわたる立派なものもあります。

しかし、必ずしも有効活用されているわけではありません。

なぜなら、**過去の事例に則ったマニュアルに頼りすぎてしまうと、そこに書かれていないことに対応できない**傾向があるからです。また、クレームが発生した現場でマニュアルの該当ページを探している暇などありませんし、分厚いマニュアルの内容を全て頭に叩き込んでおくのも、現実的ではないでしょう。

しかし、前述したような社会の流れの中で、クレームの最前線に立ち続けてきた私は、あらゆる業種の、あらゆるクレームに対応し、理不尽な要求を断ち切る「完全撃退マニュアル」の必要性を感じるようになりました。

私の元に相談に来られる方の業種は、実に多種多彩です。金融、食品製造、輸入品販売、ネットサービス、小売、自動車製造、出版、リースから、通信機器、医薬品、建設・道路舗装、不動産。果ては鉄道、電力などのインフラ関係、厚生労働省、経済産業省、商工会議所などの行政・公共団体まで、さまざまな業種にわたります。

つまり、あらゆる「仕事の現場」がクレームに悩まされているということです。

そこで本書では、個別状況にしか対応できない対症療法的な対策ではなく、私の20年の現場経験で培ったスキルを総動員し、**全てのクレームに通じる「原理原則」を、45以上の事例を紹介しながら余すところなくお伝えします。**どんな業種でも、どんな種類のクレームでも、本書のポイントを理解しておけば乗り越えることができます。

また、緊迫したクレーム対応の現場に臨むには、技術以外に「心構え」が大切です。とりわけ、「お客様」と「クレーマー」を見極め、**「理不尽な要求を断る勇気」を持ってもらうためのマインドセット**についても、随所に盛り込みました。

すべての従業員が本書の内容を理解・実践し、現場の不安が解消されれば、組織に一体感が生まれ従業員満足度が高まり、離職率の低下につながります。クレーム対応という「危機管理」を盤石にしてこそ、「顧客満足」を追求する体制が整うのです。

▢本書の構成

本書は、次のような構成になっています。

序章では、**クレーム現場の最新事情**を解説します。いま、クレーム担当者を最も悩ませているのは、金品目的の反社会的勢力ではなく、もともとは善良な市民だった「大衆モンスター」です。まずは、是非ここを押さえてください。

1章は、**クレームを長引かせないための鉄則**です。クレームが発生した直後の初期対応からハードクレームを収束させるための対応策まで、一連の手順の原理原則を紹介しています。

クレーム対応は、クレーマーのペースに飲まれて、どう対応したらよいのかわからないまま延々と時間を取られるうちに、心身が疲弊し、ミスを犯して二次的なクレームを引き起こすケースが少なくありません。

まずは、基本的なクレーム対応の流れを頭に叩き込むことで、心に余裕をもって対応に臨むことができます。

2章でクローズアップするのは、**理不尽な要求を断ち切る実践的な会話術**です。現場ですぐに使えるフレーズを数多く紹介しています。

その目的や効果を十分に理解したうえで、徹底活用してください。

3章では、**クレームの最終局面における対処法**について解説しています。

実は、どんなに誠意を尽くしても納得しない相手や、金品をかすめ取ろうとする悪質クレーマーに対しては、「放置」するのが最も効果的なのです。

その具体的な方法を伝授します。

終章では、クレームに負けない「**組織づくり**」をしている企業の事例や、クレームを未然に防ぐ「**行動習慣**」、担当者のストレス耐性を高める「**メンタルトレーニング**」について述べています。

本書が、全てのクレーム対応に臨む担当者を勇気づけ、スキルアップの一助となることを、心より願っています。

２０１８年8月　援川聡

※本書で紹介している事例は、実話をもとにしていますが、プライバシーへの配慮、また、守秘義務の観点から、アレンジを加えていることをおことわりしておきます。

そんなつもりじゃないのに……系

しつこいなぁ……系

そんな急かされても……系

まいったなぁ……系

こんなセリフ浴びせられたら、どうする？

クレーマーの「あるあるフレーズ」目次

やってられないなぁ……系

怖いなぁ……系

この人、なんかヤバそう……系

目次

対面・電話・メールまで
クレーム対応「完全撃退」マニュアル
100業種・5000件を解決したプロが明かす23の技術

序章

クレーム現場の「ありえない」最前線

1章

クレームを完全撃退する！「発生」から「解決」までの手順

2章

理不尽な要求は「この話術」で断ち切れる！

3章

話の通じない相手を撃退する最終手段は「放置」

終章

最先端の企業事例とクレームを未然に防ぐ行動習慣

序章

クレーム現場の「ありえない」最前線

1

クレームの最新情報って？

クレームを超えた「カスタマーハラスメント」

死ね！
辞めろ！
釣り銭の置き方が悪い！
土下座しろ！

5万人がストレスを感じる「ありえないクレーム」の数々

私の手元に1冊のレポートがあります。日本最大の産業別労働組合であるUAゼンセン（全国繊維化学食品流通サービス一般労働組合同盟）が、2017年10月に発行した「悪質クレーム対策（迷惑行為）アンケート調査結果・速報版」です。

その冒頭（はじめに）では、こう警鐘を鳴らしています。

「消費者の不当な要求を受け日常の仕事に支障が生じ、流通・サービス業に従事する労働者に大きなストレスを与える事例があとを絶ちません。**消費者からの不当な要求は、ハラスメントの新しい領域**としても社会的な問題となっています」

消費者による自己中心的で理不尽な要求は、「悪質クレーム」として、これまでもしばしばマスコミで取り上げられていますが、大きな社会問題として浮上してきました。

消費者による嫌がらせ、すなわち、**「カスタマーハラスメント」**が取り沙汰されるようになってきたのです。セクハラ（セクシャルハラスメント）やパワハラ（パワーハラスメント）と同様に、「カスハラ」という呼称が定着する日も遠くないでしょう。

このレポートでは、**接客対応をしている流通部門の組合員5万人以上**の回答をもとに、クレームの現状が浮き彫りにされています。クレームの実態調査として、これほど大がかりなものは聞いたことがありません。

調査票の集計結果は、私が日頃、肌で感じていることと大きな違いはありませんが、クレーム現場での過酷な状況が数字にもはっきりとあらわれています。

「迷惑行為に約**9割がストレス**を感じている」

「（クレーム対応として）『**謝り続けた**』**と**『**何もできなかった**』**が4割**を超えている」

「**約5割が**『**迷惑行為が増えている**』と感じている」

また、現場からの悲痛な肉声も収められています。

「商品の場所を案内したら、遠回りさせられたと怒りだし、『**バカ、死ね。辞めろ！**』と怒鳴られました」

「商品の在庫を尋ねられ、在庫が無い旨をお伝えしたところ、『売る気がないんか、私が店長だったら**お前なんか首にするぞ**』と延々怒られました」

「惣菜の価格が間違っていると言われ確認に行こうとしたら、待たせるなと怒鳴られ**3時間説教され続けました**」

「お客様が購入した包丁の切れ味が悪いとの事で返品対応した際、『高い商品買ったのに研いでも切れない』と、**その包丁をむきだしでこちらの顔まで近づけてきました**」

「商品不良のため返金を実施した際、丁寧に謝罪しても納得されず、**土下座での謝罪を要求**されました」

このほかにも、人格を否定する暴言や何回も同じ内容を繰り返すクレーム、権威的な態度・説教、威嚇・脅迫、長時間の拘束などが報告されています。

さらには、近年、急増しているＳＮＳやブログ上での誹謗中傷など、さまざまなクレーム事例が数多く紹介されています。

悪質クレームで企業の〝人手不足倒産〟が加速する

雇用の安定や労働条件の向上に努める労働組合にとって、もはやカスタマーハラスメント（以下、「カスハラ」と言います）は看過できないテーマです。カスハラが、労働者一人ひとりに強いストレスを与え、時に精神疾患も招くからです。

そして、カスハラは、企業経営にとっても重大な問題です。クレームへの対応で従業員が疲弊すれば、一般のお客様に対するサービスの低下にもつながりかねません。

また、多大なストレスを受ける職場では離職率が高まったり、人材が確保できなかったりすることが懸念され、実際にクレームを原因とした「人手不足倒産」に至る企業もあります。

労働・雇用問題は企業の経営リスクとして浮上していますが、じつは、**クレーム対応も人材難に拍車をかける要因となっている**のです。1つの事例を紹介しましょう。

スーパーマーケットの事例

郊外にある食品スーパーは日々、クレーム対応に追われていた。

来店のたびに文句を言う男性客。夕方、店内が混雑してレジに行列ができると「なにをノロノロやってるんだ！」と、並んでいる間ずっと大声でレジ係を怒鳴りつけたり、レジを終えても「釣り銭の置き方が悪い！」と言って、買い物かごや小銭を投げたりする。

また、「挨拶がなっていない！」と、近くにいる店員を叱り飛ばす中年の女性客や、自分の好物が見当たらないことに腹を立て、「どうして、この店に置いていないんだ！　いますぐ仕入先に電話しろ！」と無茶苦茶な要求をする老人。あるいは、生鮮食品売場でレシピを聞かれた店員がうまく答えられないと、「責任者を呼んできなさい。あなたは不勉強です！」と激高する主婦もいる。

30代前半のチェッカーチーフは、こうしたクレームやトラブルが発生するたびに、店内をかけずり回った。いつのまにか、「申し訳ございません」が口ぐせになっていた。「ありがとうございました！」と笑顔で接客していた新人の頃を思い出すと、涙がこぼれそうになる。

そしてある日。チェッカーチーフは辞表を提出した。店長からは強く慰留されたが、もはや限界だった。張りつめていた緊張の糸が切れ、心が折れたのだ。

その後、このスーパーでは櫛《くし》の歯が欠けるように、地元採用のパート店員が次々と辞めていった。精力的な仕事ぶりで部下からの信頼も厚かったチェッカーチーフに代わり、本社から派遣されたベテラン社員が立て直しを図ったが、パートを募集してもなかなか人が集まらない。地域密着型のスーパーでは、口コミで職場環境のよし悪しがすぐに伝わるからだ。

「あのスーパー、パートさんが大量退職したらしいよ」

「チーフはひとりで頑張っていたけれど、精神的なストレスでまいったみたい」

結局、このスーパーはチェッカーチーフをはじめとする退職者の穴を埋めることができず、閉店に追い込まれた。

流通・サービス業に限らず、クレーム対応で陣頭指揮をとっていたキーパーソンが辞めると、ほかのメンバーも追随して退職することは珍しくありません。

それは、**クレーム対応を「現場まかせ」「個人まかせ」にしている企業が多い**からです。

長時間労働の解消など、「働き方改革」を推進することは大切ですが、同時に企業としてクレーム対応のあり方を見直すことも必要です。クレームに向き合う人々の「声なき悲鳴」に気づけないと、経営そのものが大ダメージを受けるのです。

■国がクレーム対策に乗り出す時代

前出のUAゼンセンは、悪質クレームが「働く魅力を阻害し、働き手不足を招く」「販売機会のロスや対応コストの負担により、賃金の源泉となる企業利益を損なう」として、事業者に対する措置義務の法制化を求めたり、悪質クレームの抑止・撲滅に向けた啓発活動を推進したりします。

こうしたなか、厚生労働省は、「職場のパワーハラスメント対策についての有識者検討会報告書」（2018年3月提示）において、はじめてクレームに言及しました。

「顧客や取引先からの著しい迷惑行為は職場のパワーハラスメントと類似性がある」として、「事業主に対応を求めるのみならず、周知・啓発を行うことで、社会全体で機運を醸成していくことが必要」「『カスタマーハラスメント』や『クレーマーハラスメント』など特定の名前やその内容を浸透させることが有効」などの意見が盛り込まれたのです。

そもそも、この検討会は「働き方改革」の一環として設置されたものです。そのなかで、顧客からの悪質クレームについて議論し、さらに「カスタマーハラスメント」などと命名することを提案したのは、画期的だと言えます。それほど、クレームが社会問題化しているのです。

ただ、法規制や制度、あるいは啓発活動だけで、目の前にある悪質クレームを排除することはできません。従業員のメンタルヘルスに悪影響を及ぼしたり、長時間労働につながったり、その結果、人材の流出を引き起こしたりする悪質クレームに対しては、一刻も早く実効性のある方策を打ち立てなければなりません。

つまり、**クレーム担当者個人の「スキル」を磨くとともに、組織として「仕組み」をつくっていく**ことが重要なのです。

このことは、本書の大きな目的の1つです。

2

「シルバーモンスター」って何？

クレームの現場は「高齢者問題」を先取りしている

孫に何かあったら
どうする！
ウチの子の将来が
かかってるんだ！
御社の
ためを思って
言ってるんです

なぜ、高齢者が「モンスター化」するのか？

教師に過剰な対応を要求する「モンスターペアレント」や、医師や看護師などにくってかかる「モンスターペイシェント」など、さまざまな職業におけるクレーマーが取りざたされています。なかでも、モンスター化した高齢者、いわゆる「シルバーモンスター」が今、大きな社会問題になっています。

『犯罪白書』（平成29年版）によれば、２０１６年の刑法犯検挙者のうち65歳以上の高齢者は、ほかの年齢層と比較して最も多く、全体の20・８％を占めました。

とくに、**暴行で検挙された高齢者は、20年前の約40倍**にのぼっています。暴力事件とクレームを同一視することはできませんが、それらの「病巣」は根っこでつながっていると考えられます。いくつかの事例を紹介しましょう。

病院の事例

「孫に何かあったらどうするんだ！　責任者を呼べ！」

病院の待合室で突然、70代とおぼしき男性が大声を張り上げた。

その横では、泣きべそをかく幼児が母親に抱かれている。若い職員があわててかけ寄り、「大丈夫ですか？」と声をかけたが、男性は「大丈夫なわけないだろう。こんなに泣いているじゃないか！」と激高。

幼児は定期検診のため来院しており、とくに体調が悪いわけではなかった。待合室を歩き回っているうちに転んだだけである。外傷もなく、男性が怒鳴っている間に、すでに泣き止んでいた。

それにもかかわらず、男性は職員につかみかからんばかりの剣幕だ。職員はオロオロするばかりだった。


なぜ、この男性はこれほどに怒りをあらわにしたのでしょうか？

じつは、孫と娘に付き添っていた男性は、「自分が頼りにされていること」に満足感を覚えていました。「孫が泣く」という事態そのものが許せなかったのです。

また、健康関連商品を扱う企業には、健康に不安を抱える高齢者からのクレームが集まりやすくなります。

食品通販の事例

通信販売で購入したサプリメントについて、高齢男性からクレームがあった。

「1日4粒のはずでしょ。どうして20日もしないうちになくなるのよ？」

コールセンターの担当者は、男性の購入履歴を確認したうえで、商品の説明に入った。

「○○様、お客様にお買い求めいただきましたサプリメントは、ご体調がすぐれないときに適宜、飲んでいただくものです。したがいまして、必ずしも1瓶1か月分というわけではございません」

一瞬、男性の声が途絶えた。しかし、すぐにこう反論した。

「購入する前、オタクに電話で確かめたら、たしかに1か月分と言っていたぞ」

担当者は、どう返答していいのかわからず、チーフに助けを求めた。


このクレームは、男性の誤解によるものですが、高価なサプリメントだけに、自分の間違いをなかなか認めようとしませんでした。

また、高齢者が「モンスターペアレント」を演じたケースもあります。

小学校の事例

70歳の誕生日を目前に控えた男性。現役時代は仕事人間で、わが子の運動会を観戦したことは一度もなかったが、退職後はあり余る時間を小学生の孫のために費やしていた。

「ウチの子は中学を受験するつもりです。ところが、なかなか成績が伸びない。

塾にも通わせているが、学校の授業に問題はないんでしょうか？」

男性は、校長室で担任教師と教頭を前にまくしたてた。

「基本的に学習指導要領に沿いながら、それぞれの児童に合った指導をしています。先日、ご父兄を交えた三者面談でじっくり話し合いました」

担任が答えると、男性は眉間にシワを寄せて追い打ちをかける。

「三者面談で何を話し合ったんですか？　詳しく教えてください」

担任はしかたなく、進路指導の内容を繰り返し説明した。しかし、なかなか話が通じない。男性は1時間以上、校長室に居座っている。教頭が「そろそろ職員会議が始まりますので」と面談の終了を促すが、男性はまったく意に介さない。

「いや、話はまだ終わっていない。ウチの子の将来がかかっているんですよ！　だから、今の教育はダメなんだ！」


本来、分別があるはずの高齢者が、なぜこれほど身勝手な行動をとり、理不尽な要求を突きつけるのでしょうか？　その理由をひと言でいえば、**疎外感や孤独感、焦りなどが、怒りの「火薬庫」になっている**からです。

シルバーモンスターは、さびしさを抱えていることが少なくありません。仕事をリタイアし、自分の存在価値を認めてほしくても、話を聞いてくれる同僚や部下もいません。家族から疎んじられているケースもあります。

その満たされない思いが、クレームという形で吹き出すことが多いのです。

「論破」しようとする団塊世代に注意

「2025年問題」という言葉をご存じでしょうか？

2025年には、団塊の世代が75歳を超えて後期高齢者となり、国民の約3人に1人が65歳以上、5人に1人ほどが75歳以上という「超高齢社会」を迎えます。それにともない、介護・医療費などの社会保障費の急増などが懸念されています。

クレームの現場では、こうした危機と混乱を先取りするかのように、団塊の世代がモンスターとして顕在化しています。

この、いわゆる「団塊モンスター」は、企業戦士として仕事に没頭し、激しい競争社会で身につけた交渉力を武器に**相手を「論破」しようとする**のが特徴です。

なかでも、学生運動に青春を捧げるなどの「インテリ系」や、理想が高く、社会や政治への関心も強い人は、自分の生き様に自信とプライドをもち、**正論で意見しなが**

ら、**しだいに説教へとエスカレートする**ことが多いようです。

彼らは、金品をかすめ取ろうとしているのでもなければ、必ずしも悪意をもってクレームをつけているわけでもありません。「善意」から説教しているのです。

その一方で、「自分の居場所」を失って「鬱屈した感情」を抱え込んでいるため、ちょっとしたきっかけで暴発するおそれもあります。だからこそ、クレーム担当者は対応に苦慮することになります。

食品メーカーの事例

食品メーカーで部長職までのぼりつめた68歳の男性。在職中は品質管理ひと筋でISO規格の導入なども手がけた。衛生管理に精通しエネルギッシュな仕事ぶりだったが、口やかましい性格が災いし、彼を慕う部下はほとんどいなかった。

数年前に退職した彼は、食品業界でシルバーモンスターとして立ち回った。いわば、業界の「OBモンスター」である。

「オタクの練り製品を買ったんだけど、髪の毛みたいなのが入ってたんです」

食品メーカーにとっては悩みの種である異物混入のクレームだ。男性は担当者を自宅に呼んで、事情説明を求めた。

「御社では、どんな衛生規格で製造しているんですか？　検査方法は？」

穏やかな口調で質問し、担当者が説明すると、「なるほど」と感心した様子で聞き入っていた。しかし、話が一段落すると攻撃に転じてきた。

「衛生管理がそんなにきちんとしているなら、なぜこんなものが混入したんでしょうかね？」

クレーム担当者が衛生管理の技術者でないことを見越したうえで、いじわるな質問をしたのだ。担当者は現品を検体として持ち帰り、異物が何であるかを特定したうえで混入経路を究明したい旨を申し出るが、男性に断られてしまう。

「異物の検査は、私がしかるべきところでやってもらうので結構です。それより、御社のISO規格や検査の頻度・レベルについて書かれたドキュメントがあるでしょ。まず、それを見せてください。そうすれば、異物混入の原因がはっきりするはずですよ」

担当者は、男性の求めているものが何なのかがよくわからなくなったが、異物混入の原因究明を、お客にゆだねるわけにはいかない。

「弊社としても大きな問題なので、しっかり調査したいんです。どうか現品の提供をお願いいたします」

しばらく押し問答が続いたが、ISO規格をはじめとする資料の提供を条件に

「それでは半分、渡しましょう」と男性が承諾したあと、長広舌をふるった。

「私は御社のためを思って言っているんです。僕が自前で検査すれば、御社も助かるでしょ。費用も時間も節約できるんですから。それに御社の衛生管理体制も精査してみましょう。僕はこれでも結構、衛生管理には詳しいんですよ」

男性と食品メーカーは、それぞれの検査機関に検体を提出した。担当者は「結局、この男性の目的は何だったのだろうか？」と首を傾げながらも、ホッと胸をなでおろした。

ところが、話はここで終わらなかった。後日、男性から「検査結果が出たので、それを持って御社の工場を見学したい。再発防止のお手伝いをさせてほしい」という申し出があったのだ。担当者は再び、頭を抱えることになった。


退職後に孤立感を深めた男性が、身につけた専門技能を社会で活かすことができないまま、いびつな形で自分の存在感を示そうとしているのです。

この男性に限らず、現役時代に大きな業績を残したり、周囲からチヤホヤされたりしていた人が、引退後に「ふつうのおじさん」扱いをされると、一種の疎外感を覚えるものです。それが、結果的に怒りの沸点を下げることになりかねないのです。

団塊世代のクレーマーは、しばしば**「店内の陳列をもっと工夫しろ！」「接客態度がなっていない！」「安全対策を怠っている！」**などと、企業にクレームを寄せますが、こうした心理が働いていることが少なくありません。

このように、シルバーモンスターのしつこいクレームは担当者を疲弊させます。事実、この担当者が「弊社では、一般の方に工場内を公開しておりません」と男性の申し出を断ったとたん、男性は敵意をむき出しにして「御社のモットーは、お客様第一じゃないのか！　ホームページには立派なことが書かれているが、それは嘘っぱちか！」と罵倒し始めました。

こうしたクレームへの対処法については後述しますが、ひとりよがりな「正義感」に立ち向かうとき、担当者が強いストレスを受けることは間違いありません。

3

クレーマーの正体は？ 目的は？

クレームの主役は「一般市民」

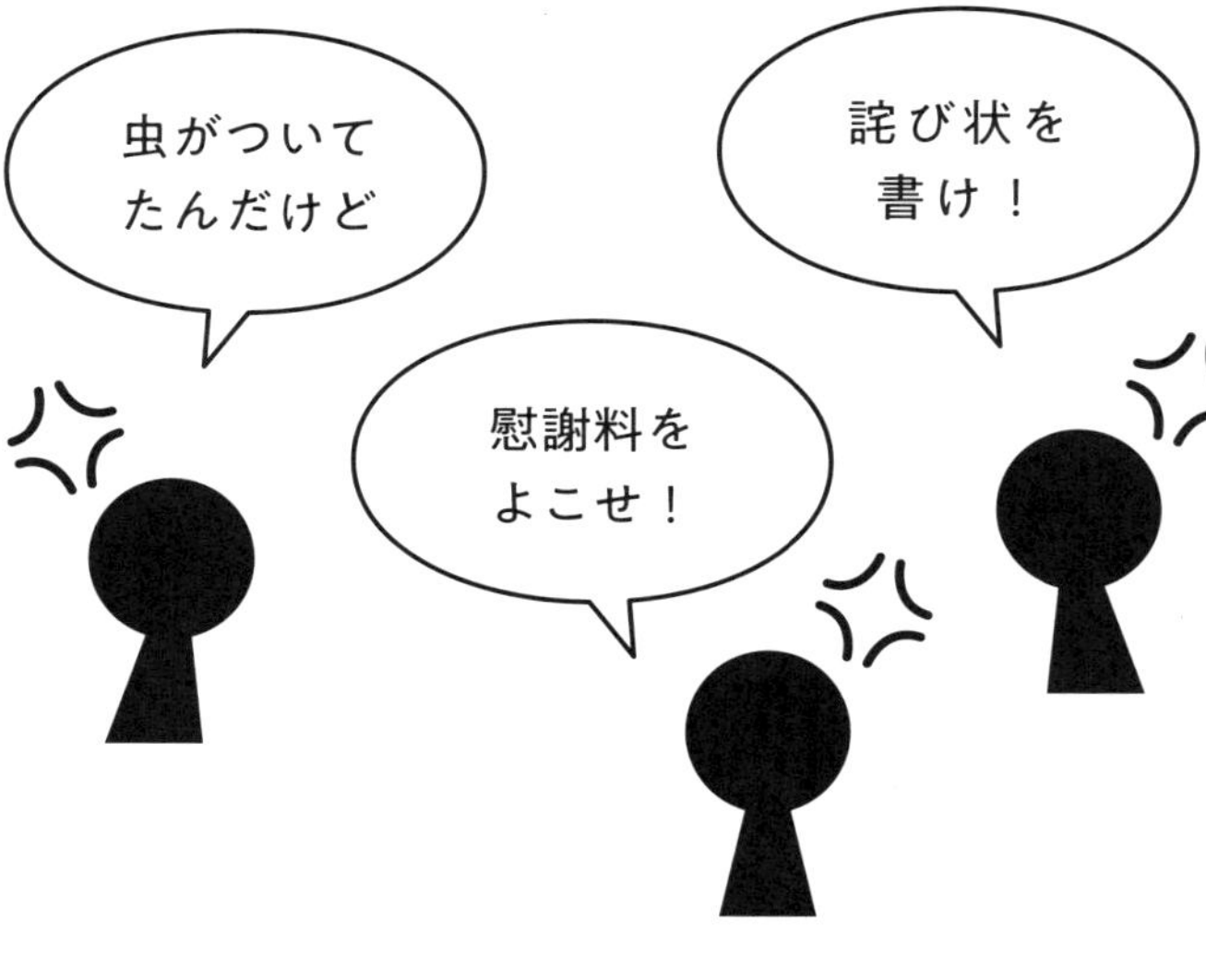
虫がついて
たんだけど
詫び状を
書け！
慰謝料を
よこせ！

「大衆モンスター」の時代がきた

クレーム現場の最前線について、「カスタマーハラスメント」「シルバーモンスター」という2つのキーワードで紹介してきましたが、ここで、現在のクレーム事情を俯瞰《ふかん》してお伝えしましょう。

近年は、クレームの実態を見極めることが非常に難しくなっています。なぜなら、**クレーマーの属性と目的が千差万別であり、手口も多様化**しているからです。

かつて悪質クレームと言えば、その多くは元暴力団やチンピラなどが金品をかすめ取ろうというものでした。クレーマーの属性と目的がはっきりしていたのです。ところが今は、こうした**プロクレーマー**は、影が薄くなっています。

1992年に暴力団対策法が施行されて以降、反社会的勢力は、クレームに名を借りた金品の要求や利益誘導ができなくなったからです。ひと目でヤクザとわかるスモーク張りの高級セダンが街中から姿を消したのも、この頃からです。

その一方で今、一般市民がモンスター化しています。前出のシルバーモンスターはその典型ですが、もともとは「善良な市民」だった人たちが、詐欺師まがいの行動をとったり、常識では考えられない理不尽な要求を突きつけてくるようになったのです。

こうした、いわゆる**「大衆モンスター」**は強面《こわもて》のヤクザと異なり、一見しただけでクレーマーだと見極めることができないため、神経をすり減らしてしまうのです。

ここ数年、日本の刑法犯の認知件数は減少しており、2016年は戦後はじめて100万件を下回りました（『警察白書』平成29年）。これを見る限り、治安はよくなっているように思われます。しかし、私たちはそれを実感できません。むしろ、〝体感治安〟（人々が肌で感じる治安のよし悪し）は悪化していると言われます。

その理由は、元警察官の私でさえ驚くようなちっぽけな動機によって、凶悪犯罪が次々と引き起こされているからです。かつて凶悪犯罪は、ヤクザの抗争や三角関係のもつれ、あるいは金銭トラブルと相場が決まっていましたが、最近は、普通の人が些細な理由ですぐキレて暴力事件を起こしたり、殺人を犯したりしています。クレーム担当者が大衆モンスターと対峙するときも、似たような恐怖を覚えるはずです。

悪質クレームに特徴的な「8つの目的」

では、大衆モンスターの目的は、どこにあるのでしょうか？

代表的な要求内容は、次の８つです。

①欠陥があった商品・サービスの代金よりも高額な賠償を要求する
②自分の過失を隠したり、自ら細工をしたりして、不正な返品・返金を求める
③精神的なダメージを受けたとして、慰謝料・迷惑料を要求する
④従業員の接客・接遇態度に文句をつけて、その従業員の解雇を求める
⑤自分だけの特別待遇を求める
⑥実現不可能な業務改善や是正措置を求める
⑦過失についての謝罪文・詫び状、社告を強要する
⑧謝罪として土下座を要求する

このほかにも、クレームを申し立てるなかで要求していることと、本当に求めていることが乖離しているケースもあります。

「企業を相手に一戦を交えている」ことに満足感を覚えたり、担当者を困らせることに快感を覚えたり、あるいは「担当者におしゃべり相手になってもらいたかった」というケースも見受けられます。**クレームをつけること自体が目的化**しているのです。

このように、大衆モンスターの対応で厄介なのは、担当者が「相手が何を求めているか」を見極めるのが難しいことです。そして、今のクレーム現場で「主役」を張るのは、この大衆モンスターなのです。

そこで本書では、「正当な要求」と「悪質クレーム」を見極める方法をご紹介します。その前に、大衆モンスターが生まれる背景をお伝えしておきましょう。

■ストレスをクレームで晴らす人たち

大衆モンスターが猛威をふるう背景には、さまざまな社会事情があります。

まず、社会に広がる**格差意識**は、クレームの大きな温床になっています。自分が社会的な「負け組・下流」に属すると考えている人のなかには、他人への嫉妬心を抱え、不満を溜め込んで、日頃の鬱憤をクレームで晴らそうとするケースもあります。仕事や日常生活のなかで受けるストレスをクレームで発散しようとするケースも、近年多発しています。

さらに、**強すぎる思い入れがクレームにつながる**こともあります。

たとえば、「モンスターペアレント」は、わが子の教育に対する強烈な思い入れのあらわれと解釈することもできます。また、自分や家族の健康への不安が募るあまり、暴力行為に及んだ「モンスターペイシェント（患者）」もいます。病院の待合室で孫が泣いたのを見て激高したシルバーモンスターにも、同じことがいえます（33ページ参照）。

強い思い入れの対象は「人」とは限りません。

たとえば、店舗などで「亡き夫との思い出の品」や「母から譲ってもらった愛用のバッグ」など、かけがえのない一品が破損したり紛失したりしたと言って、店側に市場価格以上の補償を求めることがあります。

また、過重なストレスを受けているという意味では、クレームを受ける担当者も例外ではありません。

私は、講演やセミナーが終わった後の懇親会を楽しみにしていますが、その酒宴が「荒れる」ことがあります。「ビールの置き方が悪い！」「もっと早く料理を持ってきてよ！」などと、お客様相談室のメンバーがクレーマー予備軍のような振る舞いをするのです。本書冒頭で紹介したＵＡゼンセンでも、「自分たちの行動も振り返ろう！」と呼びかけています。昼間にクレームを受け、夜間にクレームをつけるという「負の連鎖」が起きているわけです。

大衆モンスターがはびこる要因として、もうひとつ忘れてはならないのが、インターネットです。ネットの普及によって、個人は「情報発信のツール」という強力な武器を手に入れ、たったひとりで組織に圧力をかけることができるようになったからです。大衆モンスターは、ネット情報で入念に下調べしてから、クレームをつけることもできます。対応する側は先手を取られ、窮地に追い込まれます。

ある企業の総務担当者はこう嘆きます。

「当社のホームページを細かくチェックし、重箱の隅をつつくような質問をしてくる。嫌がらせとしか思えない」

企業や団体は、社会的責任として利害関係者に対する説明責任があり、その一環としてホームページなどでさまざまな情報を公開しています。一方、個人情報へのアクセスは、個人情報保護の見地から厳しく制限されています。

個人と企業には、そうした「情報格差」が存在するのです。

ほかの一般消費者と一緒に「包囲網」を敷き、「消費者全体への裏切り行為だ！」などと、攻め込んでくるケースもあります。

ＳＮＳが浸透したいま、この傾向はいっそう強まっています。クレーム情報がＳＮＳで拡散するかもしれないという恐怖や不安は、経営者やクレーム担当者にとって非常に大きなプレッシャーになっているのです。

クレーム関連のニュースがクレーマーを増やす

ネットの情報拡散力によって、一部のクレーマーの手口が広く知られるようになると、**「言わないと損する」「クレームをつければ得するかもしれない」**と、企業や官公庁にクレームを持ち込む人が増えます。

次の例は、大衆モンスターが情報に敏感であり、マスコミ報道やネット上に氾濫する情報を元にクレームをつけてきたケースです。

中堅スーパーの事例

「オタクで買った伊勢エビに虫がついていた」

中堅スーパーに、こんな苦情の電話が入った。

電話の主は初老の男性。声を荒げるわけでもなく、淡々と話す。

「宴会用に昨日、伊勢エビを買ったんだけれど、包みを解いてみたら、茶色の虫がついていたんだよ。みんな楽しみにしていたのに、ガッカリした。どうしてくれるんだ?」

「申し訳ありませんでした。それでは現物を確認させていただいたうえで、どのようにお詫びするのがよろしいか、ご相談させていただけますでしょうか?」

電話を受けた日の夜、店長はお詫びに男性の自宅を訪問した。とりあえず、返金に備えて商品代金は用意しておいた。

ところが、自宅の居間に通された店長が目にしたのは、これまで見たこともない甲虫だった。明らかに、伊勢エビに付着するものではない。

そこでいったん、店長は現物を持ち帰ることを申し出た。すると、男性の表情がにわかに険しくなった。

「なんだよ、その態度は? 返金するのは当然として、迷惑料も出さないのか? 食い物に虫がついていたなんて、たいへんなことだぞ! ビラでもまいてやろうか?」

電話とはうってかわって、怒声を上げる。

その数日後、店長は「虫は伊勢エビに付着したものではない」という検査報告書を持参して再度、男性宅を訪問したが、納得してもらえなかった。

そこで私(著者)はその男性に電話し、「店長の裁量で3000円分のサービス券をお渡しするが、迷惑料は支払えない」「それ以上のことを要求されるのなら、今後は本社が対応する」「すでに弁護士と警察には相談した」という旨を伝えた。

男性はそれを聞いて、ようやく振り上げた拳《こぶし》を下ろした。

私がこのクレームの相談を受けたのは、ちょうど食品の異物混入事件が立て続けに起きていた時期でした。

この男性は昼夜、繰り返し流されるニュース映像を見て、「これも異物混入だ！」と本気で思い込んだのかもしれませんが、「あわよくば、迷惑料をせしめることができる」と考えていた可能性が高いでしょう。

いずれにしても、**クレームの発生頻度がニュースや口コミによる「情報量」と相関関係にある**のはたしかです。

食品偽装問題が連日、報道された時期には、材料の原産地や消費期限を疑うクレームが相次ぎ、ヒアリ騒動が起きたときには「缶コーヒーにアリが入っていた」などというクレームが寄せられました。

4

なぜ、クレームはなくならないのか？

「顧客満足」と「危機管理」を同時に追求する

そちらの責任で
修理しろ！
礼儀が
なってない！
今どき
そんな商売は
通用しない！

サービスが向上するとクレーマーが増える

「お客様は神様」「クレームは宝の山」というお客様第一主義の考え方は、多くの企業に浸透しています。

たしかに、クレームはサービス向上や商品開発に役立てられます。しかし、企業が目指す「顧客満足」を逆手にとってやりたい放題のクレーマーがいるのも事実です。むしろ、企業努力によって商品の性能やサービスが向上し、**世の中が便利になればなるほど、消費者の期待値が上がり、クレーマーが増殖する**のです。

たとえば、保証期間が過ぎた製品を無料で修理させようと、メーカーにくってかかる人は少なくありません。

「購入してからまだ10年なのに、スイッチが入らなくなった。大金をはたいて買ったんだから、そちらの責任で修理しろ！」

また、「待たされる」ことに過敏な人も増えています。

「いつ商品が届くんだ？　明後日？　今どき、そんな商売は通用しない！」

あるいは、正論で店員を叱責する「紳士」もいます。

「釣り銭はトレイに置きなさい。お札はきちんと表裏をそろえるのが礼儀だ！」

スーパーやコンビニなどのレジで見かける光景です。高級ホテルでの会計ならいざ知らず、レジ待ちの行列ができている商店では通用しない、過剰要求でしょう。

こういう現場を経験すると、「お客様は何様ですか！」と、思わず叫びたくなることもあるでしょう。過剰なホスピタリティに慣れすぎた消費者が「行き届いたサービス」を求め、モンスター化するケースはあとを絶ちません。

「お客様第一主義」の呪縛

そうした流れに対処しようとする企業も現れ始めています。コンビニやファミレス、ファーストフード業界では、一部の店舗で24時間営業をとりやめています。また、宅配便では、大手企業が率先して時間帯指定の配達の再検討に乗り出しています。

こうした見直しは、人手不足や過重労働問題などの解決策の一環ですが、言い換えれば、**顧客に利便性を訴えるだけでは企業として立ち行かなくなった**のです。クレーム対応においても、従来の「お客様第一主義」だけでは担当者の身がもちません。

私は、警察官から民間流通業の渉外担当者に転身してまもない頃に、しつこいクレーマーを前にして、進退窮《きわ》まる状況を経験したことがあります。

警察では、傷害・暴行、恐喝・窃盗など、「刑法に触れるかどうか」で、クロかシロを判断すればよかったのですが、クレーム対応では、そうはいきません。いくら理不尽なことを言われても、あくまで相手はお客様だからです。

クレーマーに対して、警察官時代に身につけた逮捕術は役に立ちません。かといって、つたない接客術でその場を切り抜けることもできませんでした。

しかし、ある日を境に私は変わりました。そのときの情景はいまでも忘れません。食品への異物混入を訴える高齢男性のクレームに対応したときのことです。私は男性の自宅を訪れ、板の間に正座しました。

男性は、「責任をとれ！」「誠意を見せろ！」「オマエのようなやつは死んでしまえ！」などと、私を罵倒し続けたのです。

私は、ひたすらお詫びしていました。時間だけがむなしく過ぎていく中で、茫然自失の状態でした。

しばらくすると、老人が私の額を小突いて、こう言い放ちました。

「おまえじゃ話にならん！　出て行け！」

その瞬間、私は我に返り、お客様第一主義の「呪縛」から解き放たれました。

「そうですか。それでは失礼します」と丁寧に断ったうえで男性宅から退出し、翌日、男性に電話をかけました。

「申し訳ありませんが、商品を交換したことで、私は誠意を尽くしていると思っています。これ以上の要求をされるのであれば、警察・弁護士とも相談のうえ、対応させていただきます」

受話器の向こうからは、「もうええ。なかったことにしてやる」という声が聞こえました。

私は、この経験をきっかけに、明らかに度を超えたクレーマーには、毅然とした対応をしなければならないということを学んだのです。

8か月で「1万2000回」クレーム電話を入れた常習犯

大衆モンスターの中には、悪質な「常習犯」も見られます。

洋菓子店の事例

2015年9月、45歳（当時）の女が詐欺容疑で兵庫県警に逮捕された。洋菓子店やパン屋に「ケーキに髪の毛が入っていた」などと偽りのクレームを入れ、商品代金や代替品をだまし取った容疑である。

事件が明るみになったのは、大阪府豊中市の洋菓子店と神戸市北区のパン店から、それぞれ「ショートケーキ1個」「現金1085円とクリームパン2個」を詐取したことが発端だった。

ところが、捜査の過程で驚くべき事実が浮かび上がってきた。

携帯電話の通信記録を洗い出してみると、犯行が発覚するまでの8か月間で、全国各地の洋菓子店やパン店など約3200店に、計1万2000回もの電話をかけていることがわかったのである。手当たりしだいにターゲットを物色していたのか、電話番号案内「104」にも5000回以上かけていた。

その後、女は「これまでに500回くらい（詐取に）成功した。現金や商品で

60万円以上をだまし取った」と供述。また、「2013年の秋、大阪市内のケーキ店で商品を購入した際、『髪の毛が入っている』とクレームをつけたら、レシートや現物を見せなくてもお詫びの商品をもらえた」と、常習化のきっかけを明かしている。

この女性は、大手食品メーカーなどで名の通ったクレーマーでした。

一部の報道によれば長年、生活保護を受けながら高齢の母親と二人暮らしだったようですが、年齢からいえばバブル世代。かつては、華やかな暮らしぶりだったようですが、劣等感や不満を抱えるようになり、そんな中、企業や店の丁寧な対応ぶりに優越感を覚えたとしても不思議ではありません。

そして、思いがけない「成功」で味をしめ、常習クレーマーの道を歩みだし、犯罪者となってしまったわけです。

これは極端な例だと思われるかもしれませんが、理不尽な要求を一度受け入れてしまい、クレーマーが成功体験を得て常習化するケースは、非常によくあるのです。**担当者がクレーマーを育ててしまった、**とも言えるでしょう。

だからこそ担当者は、クレーム対応の原理原則を知り、一度でもクレーマーの理不尽な要求に屈してはいけないのです。

ただし、役所などの公的機関では、複雑な問題を抱えています。クレーマーであっても納税者である以上、担当者はどうしても弱腰になりがちだからです。

いわゆる「お役所仕事」は市民からバッシングを受けがちですが、今や、そんな悠長に仕事をしている職員は少数派ですし、民間企業より激しいクレーマーの被害に遭っている職場もあります。

たとえば、保健衛生に関する通知を出すと、**「どうして、そんなことを行政が独断で決めるんだ！」**というクレームが舞い込みます。また、「杓子定規な対応をするな！」と定番フレーズで責め立てる常習クレーマーもいます。

あるいは、**「公務員でいい身分だな！」**と、敵意をむき出しにするモンスタークレーマーも少なくありません。「顧客満足」ならぬ「市民ファースト」を逆手にとって、傍若無人な振る舞いをするのです。

しかし、公的機関であっても、クレーム対応の原理原則に変わりはありません。安心して、本書を読み進めてください。

5

クレーマーをどう見分けるか？

クレーマーは３つの人種に分けられる

グレーゾーンが急拡大している

カスタマーハラスメントが社会問題化していることからもわかるように、現在のクレーム事情は混沌としています。そこで、クレームを「**ホワイト**」「**ブラック**」「**グレー**」の3つのゾーンに区分して、現状を整理しておきましょう。

【ホワイトゾーン】

正当な要求や苦情を申し立てるお客様です。厳しい口調で問い詰めたり、報告書の提出を求める人もいますが、要求内容に不合理な点はありません。商品やサービスの提供者側に非があり、返品や返金に応じなければならないケースです。

クレームという言葉の響きからはネガティブな印象を受けますが、「お客様の声」として大切に扱うべきものです。数から言えば、企業に寄せられるクレームの大半は、ホワイトゾーンに属しています。

【ブラックゾーン】

ホワイトゾーンの対極にあるのが、**金品を脅し取る目的の詐欺や恐喝まがい**のブラックゾーンです。先に述べたように、以前は反社会的勢力の「プロクレーマー」が暗躍していましたが、暴力団対策法の施行によって、その数は激減しています。暴力団排除条例が各地で制定されたことも、プロクレーマーの活動を抑止しています。

その一方で、「大衆モンスター」の一部が悪質化し、意図的に金品を狙ったり詐欺まがいのクレームを起こすようになると、このブラックゾーンに属することになります。前述の「ケーキ詐欺」は、その好例です。

【グレーゾーン】

ホワイトとブラックの中間に位置するのが、グレーです。ここまで紹介してきた**大衆モンスターの大部分が、グレーゾーンに属しています**。また、暴力団対策法から逃れるために属性を隠した反会的勢力も一部、混ざり込んでいます。

いま、このグレーゾーンが急激に拡大し、担当者を悩ませているのです。

現在のクレームの大多数を占めるグレーゾーンを、さらに、次の3つのレベルに分けて考えてみると、対応策が見えてきます。

レベル❶

はじめから悪意があるわけではなく、ふとしたことをきっかけに、**怒りにまかせて大声を張り上げたり，文句を並べ立てたりする**のが特徴です。不安やストレスなどを抱え、思い通りにならない苛立ちをクレームで発散するケースが目立ちます。

レベル❷

過剰な要求を執拗に繰り返すクレーマーです。なにかと文句をつけ、「あわよくば、いい思いができるのではないか」と欲を出したり、土下座を強要するケースも見られます。手口は場当たり的ですが、グレーゾーンのなかでも急増している厄介な存在であり、私はとくに「難渋クレーマー」と呼んで、注意を呼びかけています。

レベル❸

善良な市民を装っていますが、**犯罪の一歩手前の手口を使って金品を詐取したり、特別待遇を求めたりする**、極めて悪質性の強いクレーマーです。なかには、元ヤクザや暴力団に所属せず、犯罪行為を繰り返す集団などもいます。常習的なクレーマーが多く、用意周到な計画を立てる「セミプロ」も少なくありません。

■　グレーゾーンの「大衆モンスター」が最大の脅威　■

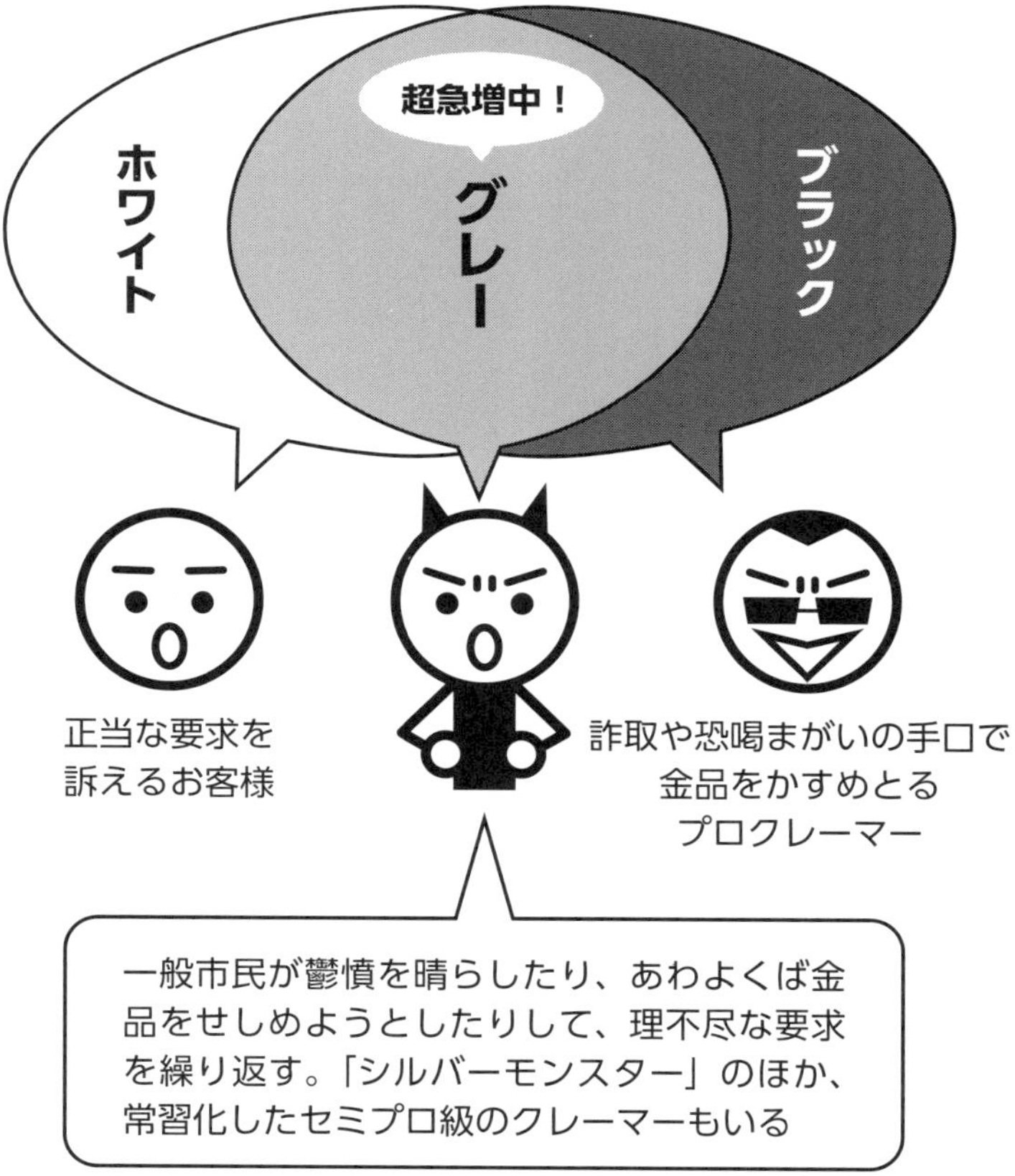

1章

クレームを完全撃退する！
「発生」から
「解決」までの手順

6

いつ、どんな対応をするのが適切なの？

「スキージャンプ式」クレーム撃退の３ステップ

クレーム解決のチャンスは「3度」訪れる

私は、「クレーム対応の達人」などと自慢するつもりは毛頭ありませんが、官（警察）と民（企業）2つの世界で、数々の「困った人々」と向き合ってきた経験を通して、クレーム対応のツボは体得したと自負しています。

クレーム対応で最も重要なのは、平常心を保つことです。真面目な人ほどクレーム対応で苦慮し、いつまでも終わらないクレームに疲弊してしまう傾向があります。それは、相手のペースに巻き込まれて、自分のなすべき対応が何なのかを見失ってしまうからです。

まず、クレームの発生から解決までのプロセスを、イメージとしてとらえてください。私は、年間100回ほど行うクレーム研修の中で、クレーム対応の手順は「スキーのジャンプ競技」に似ている、という話をします。あなたはスキーのジャンパーで、クレームは「風」だと思ってください。

次ページのように、クレームを解決するチャンスは3度あります。クレーム対応を3つのステップに分けることで、クレーマーへの対応の仕方を変えるのです。

ステップ❶

スキーのジャンパーは、スタートして助走路を降下する段階では、風の抵抗を最小限に抑えるために、できるだけ前かがみになって滑り降ります。

同じように、クレームを訴えられた初期の段階では、ひたすら目線を下げてお詫びし、何よりも相手の興奮をクールダウンさせることを優先してください。

この段階では、お客様の要求が正当である場合も多いですから、相手の話をしっかりと聞く姿勢を貫いてください。「顧客満足」を前提に、相手の気持ちに寄り添って、**「親身」**な態度で接するのです。

クレームの多くは、誠心誠意、真摯にお詫びすることで収束に向かいます。ここがクレーム解決の最初のチャンスです。できる限り**「謝って済む問題」に持ち込む**ことが、長期化させないための最大のポイントです。具体的な「謝り方」については80ページで詳しくお伝えします。間違っても、この段階で反論してはいけません。

ステップ❷

滑り降りたジャンパーは、ジャンプ台を踏み切ります。このとき、風圧を感じながら、空中で落下の恐怖と戦っています。

クレーム撃退の3ステップ

ステップ1

目的

「謝って済む問題」に持ち込む

行動原則

- 先入観を持たずに真摯に話を聞く
- 誠心誠意、お詫びする
- 「D言葉」を「S言葉」に変換する→ 116ページ

ステップ2

目的

妥協点を見つける

行動原則

- 「30分」を目安に実態を見極める→ 90ページ
- 「ギブアップトーク」で要求をかわす→ 80ページ
- 「誠意のハードル」を設定しておく→ 96ページ

ステップ3

目的

要求を断ち切る

行動原則

- ひたすら「No」を伝える
- 個人ではなく組織で対応する
- 最終手段「積極的放置」を発動する→ 204ページ

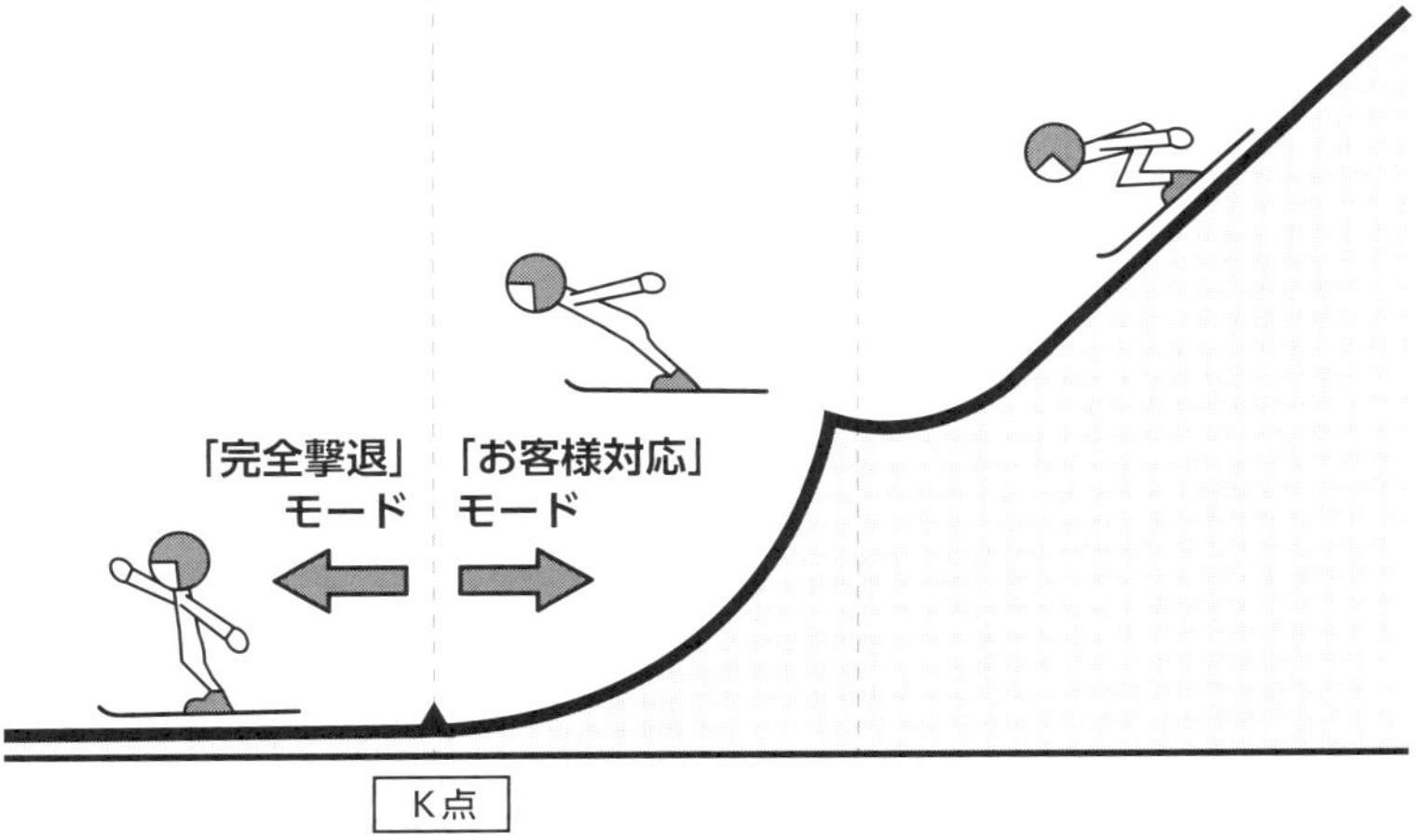

これは、怒鳴ったり、文句を並べ立てたりするクレーマーを前にハラハラドキドキしつつも、**相手の動機や目的を見極める**段階です。いわば、相手の言い分を聞きながら、**「受身」**の姿勢で臨むのです。

ステップ1で「謝って済む問題」に持ち込めなくても、うまくお客様の言い分を聞き、妥協点を見つけることができれば、クレーム解決の2回目のチャンスが訪れます。

ステップ❸

ジャンパーが飛距離を伸ばしていくと、やがて「K点」が見えてきます。現在、ジャンプ競技において「K点越え」は入賞するための基準点にもなっていますが、もともとK点は「これ以上、飛ぶと危険である」ことを示す極限点です。

クレーム対応の場面で言えば、誠意をもって説明・お詫びをしても聞き入れてもらえないばかりか、相手の主張の背後に金品や特別待遇の要求が見え隠れする段階です。

そうなれば、もう危険ラインを越えたと判断し、**「お客様扱い」をやめて、「悪質クレーマー」としての対応に切り替える**のです。ここが、「顧客満足」から**「危機管理」**

に大きくモードチェンジする段階です。少々大げさですが、**「捨身」**の覚悟で腹をくくるのです。

この段階では、もうクレーマーの要求に応じることなく、相手が諦めて退却するのを待つだけです。これが、クレーム解決の最後のタイミングです。

以上の3ステップを頭に入れて、まずはクレームに向き合うマインドセットを整えてください。

次項からは、実際にどのような対応をすればいいのか、各ステップにおける行動原則を明らかにしていきましょう。

7

ステップ❶……「親身」の行動原則

最初の5分で「謝って済む問題」に持ち込む

最初からクレーマー扱いするな

クレームが寄せられたら、その内容がどのようなものであっても、**まずは「お客様の正当な要求」として、スピーディに対応する**ことが重要です。

しかし、突発的なトラブルに遭遇すると、対応を誤ることがあります。

ホームセンターの事例

ホームセンターで高齢の女性が転倒した。それに気がついた店員がかけ寄り、「大丈夫ですか？」と声をかけると、「ええ、大丈夫」と小声で答え、しばらくすると立ち上がって歩き出した。店員は、その後ろ姿を見送った。

ところが翌日、中年男性が店に怒鳴り込んできた。

「昨日、ここのフロアが水で濡れていて、母がすべって転んで骨折した。それなのに、何もしてくれなかった。いったいどういうことだ！　責任者を呼べ！」

この店の店長は、日頃から恐喝まがいのクレーマーに悩まされていた。

女性が転倒したときの様子を店員から聞いて「またか！」と舌打ちした。

そして、事務室で男性と面談し、きっぱりとこう言い切った。

「お母様には、スタッフが声をおかけしており、お元気そうでした。また、ご来店の時間に、フロアが濡れていたということはありえません」

しかし、実際は違っていた。店長の言葉で男性が激高したため、あらためてスタッフ全員から聞き取りしたところ、店員が女性に声をかける直前、清掃係がフロアの水を拭き取っていたと判明したのである。何かの拍子で、バケツの水をこぼしたようだった。

店長の思い違いでこじれてしまい、会社としての正式な謝罪や治療費の負担などで、決着するまでに数か月を要した。


このケースは、店長が日頃クレーム対応に悩まされていたために、最初からクレーマーだと決めつけたことが、事態を悪化させてしまった典型です。

最初からお客様をクレーマー扱いすれば、反感を買うだけでなく、「クレーマー扱いしやがって！」「なにか言ったらクレーマー扱いなの？」というお客様のさらなる不満を生み、対応を自ら長期化させることになりかねません。

クレーム発生直後の段階では、相手のお客様が「ホワイト」なのか「グレー」なのか「ブラック」なのかはわかりません。

顧客満足をベースにした「性善説」でスタートするべきです。

また、強面のお客様に対して、「近寄らないで」というオーラを出して、失敗するケースも少なくありません。見た目や態度でクレーマーと決めつけ、相手を怒らせてしまうのです。ある病院で、こんな事例がありました。

病院の事例

眼光鋭い初老の男性が病院の診察室に入ってきた。派手な服装で、見るからに柄の悪そうな風体だ。医師は「ヤクザかもしれない」と思った。

「どうされましたか？」と医師が尋ねると、「寒気がする。のども痛い。この前も来たが、全然よくならない。ちゃんと診てくれてるのか？」と訴える。

医師は、すぐに男性にシャツを脱ぐように指示して、聴診器を胸にあてようとした。しかし、そこで医師と看護師が目にしたのは、色あざやかな入れ墨。診察室に緊張が走る。医師は「もしかして、イチャモンをつけに来たんじゃないか？」と不安にかられ、声を震わせて言った。

「熱もないようなので、しばらく安静にしてください」

看護師も身体をこわばらせている。

それを見た男性は、野太い声を診察室に響かせた。

「オレには、何もしてくれないってことか！」

ヤクザだからといって、診療を拒否することはできません。不規則な食事や過度の飲酒、縄張り争いや絶対的な上下関係という生活環境のもとで、健康を害しているヤクザはたくさんいます。

小さなクリニックの事例

関西地区の小さなクリニック。院長先生とベテラン看護師の二人三脚で診療を行っている。

ある日、暴力団関係者と思しき患者が「風邪をひいた」と言って来院した。院長はひと通り診察を終えると、看護師に注射をするよう指示。看護師がそそくさと患者の腕をまくり上げると、唐草模様の彫り物が姿をあらわした。

すると、看護師は「ごっつう立派な刺青！　すごく痛かったでしょ！」と声を上げ、「強いんやね」とジョークを飛ばした。

患者は看護師のほうに目をやって、「大したことあらへん」と一言。ニヤリとして、素直に腕を差し出した。

この看護師は、経験豊富なベテランでした。

このようにジョークを飛ばす必要はまったくありませんが、**むやみに相手を怖がると、かえってリスクを招き寄せる**ことは、ぜひ覚えておいてください。

要求をクレーム化させない「ひと言の気遣い」

クレームの初期対応では、相手に対して親身な姿勢を崩さないのが大原則です。そのためには、「目配り」が必要不可欠です。

総合病院の事例

「突然、激しい頭痛に襲われた」と、中年男性が総合病院の救急外来を訪れた。ところが、その日の救急外来は、いつにも増して慌ただしかった。男性はこめかみに手をやりながら、受付の職員に「まだですか？」と何度も尋ねるが、「順番にお呼びしますので、もう少しお待ちください」と事務的な返答を繰り返した。

男性が診察室に案内されたのは、来院してから1時間以上経ってからだった。

「いつまで待たせるんだ！」

男性は、思わず看護師に向かって声を荒げたが、ともかく痛みをこらえながら医師を待った。

　しばらくして、若い医師がやってきて診察を始めた。医師は、パソコン画面の電子カルテに視線を向けたまま、患者と目も合わせず、ものの10分もしないうちに、「慢性頭痛ですね。念のために、CT検査を受けてください」と診断を下し、電子カルテに症状と処方を記録した。手際よく診察を終えた医師は、ホッとひと息ついた。

　ところが、男性は険しい表情で医師を問いつめた。

「ちゃんと診察したのか？　きちんと説明しろ！」


「病院での待ち時間」は、患者の不満で最上位にランキングされています。このケースでも、「まだですか？」というセリフから男性の苛立ちがわかります。

　しかし、男性の怒りが爆発したのはその後です。長時間待たされたのに、わずか数分間で診察が終わったことに釈然としなかった部分もあったのでしょう。しかし、それ以上に、医師がパソコンに視線を向けたまま、患者と目を合わせなかったことが不信感を募らせたようです。

　もし、医師が**「1時間以上もお待たせしてしまい、申し訳ありませんでした」**とひと声かけていれば、男性がここまで激高することはなかったはずです。

このように、「初期段階での少しの気遣い」が足りなかったために、クレーム対応が長期化するケースは、さまざまな場面で見受けられます。

鉄道会社の事例

鉄道会社の予約窓口で、女性が2人分の切符を購入しようとしていた。列車の発車時刻が迫っていたので、早口でまくし立てた。

「急いでください！ トイレの近くの座席で」

駅員は、トイレから少し離れてはいたが、時間を優先してすばやく2人分の座席をブッキングして切符を手渡した。

ところが、それを見た女性客は金切り声を上げた。

「そんな座席じゃダメ！ トイレの近くでって言ったでしょ！」

駅員は、どうして、そんなに怒るのだろうかとあっけにとられたが、女性の後方に車椅子が見えた。

女性は、老親の介助ができる多目的トイレに近い座席を希望していたのである。介護疲れで、窓口では十分な説明ができなかったのだ。

クレーマーとは言い切れないまでも、独りよがりな言い分で担当者を困らせるお客様は大勢います。この女性もそのひとりだと言えるかもしれません。

しかし、お客様をモンスター化させないためには、**「なぜ、怒っているのか？」「本当は何を求めているのか？」ということに思いをめぐらせ、心情に寄り添う姿勢を見せることが**、「要求」を「クレーム」に発展させないことにつながります。

たとえば、食品への異物混入を訴えるお客様に対しては、その事実を確認する前に、まずは**「ご体調を悪くされませんでしたでしょうか？」**と、相手の健康を気遣う姿勢を見せることが必要でしょう。

あるいは、注文した商品が破損していることに腹を立てているお客様に対しては、商品を交換すればよいと考えるのではなく、**「せっかく当社の商品をお買い上げいただいたのに、申し訳ございません」**と、期待を裏切ってしまったことに対してお詫びしたり、**「おケガなどはなさいませんでしたでしょうか？」**と商品の破損によるケガや周囲の汚損に気を配ったりする必要があるでしょう。

クレームの悪質性を測る〝3点ピンポイントお詫び法〟

クレーム対応は、まず「お詫びのひと言」がなければ、何も始まりません。相手の言い分にどうしても納得がいかないとき、「なぜ、自分が謝らなければならないのか？」と反発したくなる気持ちはわかります。

また、謝罪することに抵抗感がある職種もあります。たとえば、医療現場では、医療過誤の申し立てを警戒して、患者やその家族への謝罪をためらう傾向があります。あるいは、外資系企業では、損害賠償責任の追及を恐れるあまり、謝罪に二の足を踏むことも多いようです。

たしかに、「事実関係がはっきりしない段階でお詫びする必要はない」という考え方には一理あります。しかし、少なくとも**日本国内においては、お詫びの言葉を使わないでクレームを収束させることはほぼ不可能**です。

「いったん謝罪すると、過失を認めたことになるので、安易にお詫びしてはいけない」という考え方は、クレームを長期化させるだけです。

ただし、お詫びするにあたっては、理論武装が必要です。**非を認める正式な謝罪と、相手の怒りを鎮めてクレームを長期化させないためのお詫びを区別する**のです。

具体的には、次のように、3つの観点からピンポイントでお詫びします。

①相手に与えてしまった「不快感」に対してお詫びする

↓**「ご不快な思いをさせてしまい、申し訳ございません」**

②相手が感じている「不満」に対してお詫びする

↓**「ご不便（ご迷惑）をおかけして、申し訳ございません」**

③こちらの「手際の悪さ」に対してお詫びする

↓**「お手間をとらせてしまい、申し訳ございません」**

このような限定的なお詫びであれば、「謝ったんだから、責任をとれ！」と詰め寄られたとしても、「私どもの過失を認めて補償するという意味ではございません」と、切り返すことができます。

言葉尻をとらえて「謝っているんだから、悪いと思ってるんだろ！　だったら誠意を見せろ」などと強引に補償を求める相手は、悪質性が高いと判断してよいでしょう。

要するに、**初期対応でのお詫びは、相手の怒りをクールダウンさせるツールであると同時に、クレームのレベル（悪質性）を測るバロメーターにもなる**のです。

初期対応では、お詫びとともに、「共感・傾聴」の姿勢を示すことが重要です。

相手に共感を示すには、「あいづち」が効果的です（具体的な話法は120ページ参照）。

また、傾聴とは相手の話を聞き流すのではなく、じっくり相手の主張に耳を傾けることです。途中で相手の話の腰を折ったり、反論したりするのは厳禁。

言い訳がましい説明で逃げようとすると、相手は「言いくるめられてたまるか」と反感をもち、さらなる怒りを買うことになります。

飲食店チェーンの事例

飲食店チェーンのお客様相談室に、中年女性からクレームが入った。

「店員の態度がなってない！ オタクはどんな従業員教育をしてるんですか！」

担当者は「ご不快な思いをさせてしまって、申し訳ございません」とお詫びしたうえで、そのときの様子を尋ねると、女性は一気に不満をぶちまけた。

「言葉づかいが悪い」「オーダーを間違える」「仕事中に同僚とおしゃべりをしている」「服装がだらしない」などと厳しい言葉が続く。

その間、担当者は「さようでございますか」「おっしゃるとおりです」「ごもっともです」とあいづちを打ちながら、相手の話にじっと耳を傾けた。そして、女性がすべて話し終えるのを待って、再度お詫びの言葉を述べた。

「このたびは申し訳ございませんでした。これを契機に、従業員教育を徹底させてまいります」

女性は怒りが収まった様子で、穏やかに電話を切った。

初期対応では、こちらから細かく質問したり、中途半端な説明をしたりする必要はありません。まずは、相手の気持ちを受け止めることが重要です。このケースでも、仮に店員の肩をもって釈明したとしても、「言った、言わない」「やった、やらない」の水掛け論になることがほとんどです。

■「5分間」我慢すれば8割解決

ところが、不用意な一言で相手をヒートアップさせてしまうケースが後を絶ちません。その代表的なフレーズが、**「ですから」「だって」「でも」**の3つです。私は、これらを**「D言葉」**と名づけ、クレーム対応では絶対に封印するように、クライアント企業の方々にお伝えしています（詳細は117ページ参照）。

D言葉は、相手の話が的外れだったり、話が堂々巡りになったりすると、つい口にしてしまう言葉です。しかし、相手には「上から目線」「逃げ腰」、あるいは「反抗的」といった印象を与え、クレームを長期化させてしまうのです。

私の知るコールセンターには、元声優の優秀なオペレーターがいました。彼女は相手の怒鳴り声にもひるまず、「それは失礼いたしました」「そうだったんですか」「ご不快な思いをされたことでしょう」などとあいづちを打ちながら言葉をつなぎ、相手からは見えなくても、深々と頭を下げています。すると、やがて相手の怒りは収まります。電話がかかってきてから、**約5分間の出来事**です。

私の経験でも、悪意をもったクレーマーでない限り、**「最初の5分間」を演じ切ることで8割方「謝って済む問題」に持ち込める**というのが実感です。心理学的にも、人は、共感を示しながらお詫びする人に対して、いつまでも怒鳴り散らしていられるものではありません。

消火活動で、火の手が大きくならないうちに備えつけの消火器で「初期消火」するように、クレーム対応でも、初期対応が非常に重要なのです。

8

ステップ❷……「受身」の行動原則

「ギブアップトーク」で妥協点を見出す

断言できるの？
誠意を見せろ！
消費者センターに通報するぞ！

なぜ「スピード解決」を焦ってはいけないのか？

お客様から寄せられるクレームの多くは「謝って済む問題」として収束します。

しかし、誠意をもってお詫びしても、なかなか許してもらえないお客様がいるのも事実です。また、こちらに非があることを認めて正式な謝罪と補償を申し出ても、納得しないクレーマーもいます。担当者にとっては、ここからが正念場です。

まず肝に銘じておかなければならないのは、**解決を急がない**ことです。スピード解決を目指して相手を言いくるめようとしたり、よく考える前に相手の言いなりになってしまったりすると、かえって事態を悪化させることが多いからです。

和食料理店の事例

和食料理店で、男性客から店長が呼ばれた。

「これ、本当に備長炭で焼いたの？」

男性は小皿に盛られた焼き鳥を指さし、店長の耳元でささやくように尋ねた。

店長は「ええ、備長炭を使用しています」と答えた。男性は首を傾《かし》げて言った。

「備長炭１００％だと断言できるの？」

思いがけない指摘をされた店長は、口ごもりながら「１００％というわけではありませんが、備長炭は使っています」と釈明した。それを聞いた男性は、「それなら、備長炭焼きなんて宣伝しないでほしいな」と言い、鋭い視線を向けてこう続けた。

「最近多いんだよな、こういうの。これも食品偽装の一種じゃない？　ネットで流すから、反省してよ」

店長は血の気が失せた。「申し訳ありません。これから十分気をつけます」と平謝りする。一方、男性はにやけた表情で「じゃあ、これどうするの？」と、再び焼き鳥を指さした。

店長が「よろしければ召し上がってください。お代は結構です」と申し出ると、「あっそう、ありがとう」と言いつつ、「でも、それだけ？」と二の矢を放った。

店長はオーナーの顔を思い浮べながら、オロオロするばかりだった。


ＳＮＳをはじめとするネット空間に拡散したクレーム情報は、たとえそれが一方的な誹謗中傷であっても、ターゲットになった企業や店舗、団体に甚大なダメージを与えます。同時に、担当者個人の立場も危うくするでしょう。

クレーム担当者の多くは、こうしたプレッシャーを受ける中で、言い知れぬ不安を抱えています。しかし、だからといってスピード解決を焦ると、取り返しのつかない失敗を招く恐れがあります。**過大な要求を一度でも受け入れてしまうと、それが既成事実となって、要求がどんどんエスカレートしていく**可能性が高いからです。

次の事例は、初期対応での「焦り」が、2次クレームを誘発したケースです。

家電メーカーの事例

家電メーカーのサポートセンターに、年配の男性から電話が入った。

「エアコンを購入したが、きちんと動かないいんだよ。何度も電話したが、ちっともつながらないし」

オペレーターは、応答マニュアルに沿ってきちんと受け答えしたつもりだった。しかし突然、男性が怒り出した。

「言っていることがよくわからない。結局、どうすればいいんだよ！」

オペレーターは焦って、思わずこう口走ってしまった。

「ですから、取扱説明書の最後に記載してある専用の窓口にお問い合わせいただければ、詳しくご説明いたします」

男性は「ですから」の一言でカチンときたうえ、たらい回しにされて頭に血が上った。「もういい、本社の広報室に電話する！」と言い残し、電話は切られた。

こうした2次クレームの発生も、担当者が焦らず落ち着いて対応することで、その大部分は回避できます。

■最初の「30分」はこの戦略で乗り切る

「謝って済む問題」にならなかったクレームを解決するためには、その「原因」を明らかにする必要があります。

詳細は2章で述べますが、基本的には「事実関係の確認」と「相手からの聞き取り」の両面からサインを読み取り、真相に迫ります。

しかし、クレームの実態を見極めるのは容易ではありません。すでに述べたように、クレーマーの目的や動機が千差万別です。場合によっては、その日の気分や体調が影響していることもあります。「納得がいかない」と、自分の要求を押し通そうとする人の本音を聞き出すのは至難の業です。

大切なのは、クレーマーの目的や動機、あるいは本性を見極めようとして、いたずらに時間を浪費しないことです。そこで、クレームの実態把握のプロセスに**「時間軸」**

を取り入れてください。

しばしば、「訪問先（クレーマーの自宅など）でなかなか帰してもらえない」という嘆きを担当者から聞きますが、それはクレーマーのペースに乗せられてしまっているからです。

私の経験則では、長くとも**30分あれば、クレームの実態はおおよそ把握することができる**はずです。「見極める」ことができなくても、「見当をつける」ことはできます。その過程で、落としどころが見えてくることが多いものです。

たとえば、「クレームの現場対応は30分間」と決めたら、その時間内で相手の話を聞き終えるように心がけます。いつも「答え」が見つかるとは限りませんが、クレーマーの態度や言動に振り回され、いつまで経っても「出口」が見えない状態からは抜け出せます。つい「D言葉」を使ってクレームを長期化させてしまう事態も回避できます。

要するに、「時間のボーダーライン」を定めて、そこに達したかどうかを見極めることのほうが重要なのです。そして、そのひとつの目安が**「30分」**。クレーマーと対峙してから30分経ったら、「やりきった感」をもってもいいのです。

相手の土俵に上がらずに時間を稼ぐ〝ギブアップトーク〟

30分を過ぎても、クレーマーが理不尽な要求を繰り返すようなら、早めに「ギブアップ」することを強くおすすめします。

たとえば、特別待遇や即答を要求されたら、**「私ひとりでは判断できません」**などと応じて、クレーマーの土俵に上がらないようにします。

また、クレーマーから「ＳＮＳに流すぞ！」「消費者センターに通報するぞ！」などという脅し文句が出たら、**「困りましたね」**と応じるのが得策です。クレーマーは「暖簾《のれん》に腕押し」の状態に追いやられ、突きどころを失います。

私は、これらを**「ギブアップトーク」**と名づけて、クレーム対応における基本話術として紹介しています（詳しい用法は１４９ページで紹介します）。

こうした話術を上手に使えば、やがてクレーマーは気勢をそがれ、捨てゼリフを残して引き下がります。要するに、「無理なことは無理」と伝え続ければいいのです。

ここで忘れてならないのは、**絶対に結論を急がない**ということです。早期解決の段階は過ぎているのですから、後述する対応策を練るために、逆に時間的な余裕をつくることに対応を切り替えるのです。

過剰な要求は「断固拒否」していい

ギブアップトークを活用し、相手の土俵に上がらないことを意識しながら考えなければいけないことは、「できること」と「できないこと」をはっきりさせ、そのことを相手にどのように伝えるか、ということです。

健康食品通販の事例

40代の男性から、商品未着のクレーム電話が入った。

「1週間前、栄養ドリンクのサンプルを注文したが、まだ届かない」

応対した女性オペレーターが注文履歴を確認したところ、注文の事実はなかったが、あらためて注文を受けて配送の手続きをとった。しかし、男性はそれで納得せず、消費者センターへの通報をにおわせた。

オペレーターから報告を受けたお客様相談室担当者は、不快な思いをさせたことを電話でお詫びした。すると、男性はオペレーターの態度に文句を並べ立てた。

「愛想のない応対で、心がこもっていない。私もサービス業に携わっており、日頃から接客について部下を指導する立場にあるが、彼女の対応は余りにひどい。

あなたに謝ってもらうより、本人から謝罪の言葉がほしい」

担当者は慎重に言葉を選びながら、お詫びの気持ちを伝えたが、翌日にも電話がかかってきて、オペレーターの謝罪文を要求してきた。

「謝罪文を読んでから、正式に商品を注文するかどうかを決めたい」

その1週間後、サンプルを受け取った男性から、さらなる苦情が寄せられた。

「オタクの商品ラインアップを知りたいのに、総合カタログが入っていないじゃないか！　そもそも代引（代金引換）で注文を取るとは顧客に失礼じゃないか？」

男性は、こうしたクレーム電話の合間に、1日に何度も商品の注文とキャンセルを繰り返した。そして、そのつど受付オペレーターの応対を非難した。担当者はうんざりしながらも、電話をかけて、こう説明した。

「元をただせば、サンプルのお届けが遅れたことが原因で、お客様にご不快な思いをさせてしまいました。あらためてお詫び致します。申し訳ございません。商品のお届けは初回に限り、本人確認ができる代引でお願いしております。オペレーターの謝罪文を要求されていますが、そこまでお怒りになる根拠がわかりかねます」

すると、男性は逆上してこう言い放った。

「なんだ、その言い草は！　オレが悪いみたいじゃないか。偉そうにしやがって！　今度はアンタに謝罪文を出してもらおう」

その後は、担当者に矛先《ほこさき》が向けられ、コールセンターを含めたあらゆるチャネルを通して、頻繁に嫌がらせの電話がかかってくるようになった。この時点で、会社は男性を「お客様扱い」することを断念。以後、男性からの注文を一切受け付けないようにした。


このケースでは、「消費者センターへの通報」「オペレーターの謝罪文」「精算方法の変更」については、検討に値しない過剰な要求です。

相手の言うことを一言一句もらさず聞こう、などと考える必要はありません。そして、相手には、こうきっぱり伝えます。

「ご納得いただけないのは残念ですが、私どもにも、できることとできないことがあります。どうぞ、そこのところをご理解ください」

「誠意のハードル」を設定してブラさない

クレーマーの要求に対して「できること」と「できないこと」を線引きするためには、「これ以上はできない」というボーダーラインを決めておく必要があります。

クレーマーが自分の要求を押し通そうとするときに**「誠意を見せろ！」**と言いがちなことから、私はこのボーダーラインを**「誠意のハードル」**と名付け、クレーム対応における基本的な「仕組み」と位置づけています。

誠意のハードルは、業種や業態、クレームが発生した背景などによって異なります。たとえば、百貨店の食品売場と商店街の青果店とでは、「誠意の見せ方」が違って当然です。百貨店で売られている贈答用の高級食材が傷んでいたら、責任者から謝罪の挨拶があってもおかしくありません。

しかし、商店街の青果店で少々鮮度が落ちた食材が売られていたからといって、菓子折りを片手に常連客の自宅を訪問することは考えにくいでしょう。そのお客様が来店した際に、少々おまけする程度が妥当でしょう。

誠意のハードルを設定する際の大前提は、**社会規範に則った「公平・公正」の原則**

です。特別待遇や金品の不当要求に応じたり、強硬な相手の要求には応じるけれど、そうでなければ我慢してもらうということでは、コンプライアンスにも反します。

たとえば、商品に瑕疵があった場合、商品の交換や代金の返還などで補償するのは正当な行為といえます。しかし、それに加えて、特定のお客様に「迷惑料」や「慰謝料」という名目で金品を提供するのは、公平・公正の原則から逸脱しています。

損害保険に加入している企業もあると思いますが、**安易に金銭でケリをつけようとすると、その評判が広がり、別のクレーマーの標的にされる**ことがあります。

また、店舗や病院などで来訪者が順番待ちをしているなか、クレーマーが大声で騒ぐからといって優先的に処遇するのも、公平さに欠けます。「騒がれると、ほかの来訪者の迷惑になるから」というのは「その場しのぎ」にすぎず、クレーマーを常習化させることになりかねません。

いずれにしても、誠意のハードルは公平・公正の原則に則ったうえで、それぞれの企業・団体のポリシーや実情、クレームの内容に合わせた基準を設けます。

たとえば、商品に瑕疵があった場合、次のような対応策が想定できます。

「返品・交換には応じるが、返金には応じない」

「自社発行のクーポン券をお届けする」

「1ランク上の代替品との交換」
「代替品に加えて、○○円の商品券を渡す」

また、お客様の健康に害を及ぼした場合には、次のような措置が考えられます。

「診断書を確認のうえ、治療費を支払うが、慰謝料の請求には応じない」
「休業補償はしないが、見舞金として最大○○円まで支払う」

さらに、サービス業の誠意のハードルについては、「3倍返し」という基準を設けている企業が少なくありません。この「3倍」には、2つの意味があります。

ひとつは文字どおり、商品価格の3倍の金額で補償することです。1個100円の商品に瑕疵があった場合、3個、または300円相当の商品を差し上げるわけです。

もうひとつは、「これからもご贔屓《ひいき》に」という将来への期待も込めて、「感覚的に3倍くらい」の補償を行うという意味合いです。

いずれにしても、**いったん定めた基準（誠意のハードル）は、安易に変更しない**ことです。組織としての軸がブレると、現場の担当者は身動きがとれなくなります。

1つ、経営陣が誠意のハードルの基準を変更したことで、現場が困惑してしまった事例を紹介します。

高級ブランドの事例

高級ブランド商品にクレームが殺到した。品質表示に誤りがあったのだ。

「節約してようやく手に入れたのに、ガッカリ！」

「長年、愛用していたのに、裏切られた思い」

「恩師へのプレゼントに購入した、相手に失礼だし、恥ずかしい」

お客様にはこだわりの強い人も多く、激しいクレームの嵐が吹き荒れた。商品に対する愛着があるからこそ、怒りが爆発したのだ。

会社は商品の自主回収を進め、商品の交換とクーポン券の提供で応対した。

しかし、「返金しないのは納得できない」という人が多かった。

「お金の問題じゃないが、返金を要求する。返品・交換ではイヤ。もう、オタクの商品を買うつもりはないから、クーポン券もいらない！」

消費者の立場からいえば、もっともな主張である。彼らをクレーマーと呼ぶのは気が引けるが、担当者にとっては悩みの種であることも事実だった。

自主回収にともなって、お客様からの苦情がドッと押し寄せ、担当者はその一つひとつに対応しなければならない。同時に、ヘビーユーザーに対しては、丁寧に事情を説明し、なんとか納得してもらわなければならない。お客様相談室のメンバーは疲労困憊《こんぱい》していた。

ところが、会社がそれまでの方針を転換し、返金に応じることにしたのだ。社員は困惑した。返金対応に向けて、一からお客様対応の仕組みを見直さなければならないからだ。

そして数日後――。新しい対応方法で昼夜を問わず返金手続きを進めた甲斐があって、クレームは瞬く間に収まった。まさに「現金なもの」だった。

しつこいクレーマーには「2人以上」で対応する

ギブアップトークをマスターしても、誠意のハードルを設定して「やるべきこと」をシンプルにしても、担当者がひとりでクレーマーに立ち向かっていては、やがて心が折れてしまいます。

悪質なクレーマーに対しては毅然とした態度で臨まなければなりませんが、そのためには、職場の仲間が「お互いさま」の意識をもって助け合うことが必要です。

たとえば、隣席の同僚にクレーム電話がかかってきたとしましょう。長時間対応する同僚を見ながら思うことは、「私じゃなくてよかった」というのが本音ではないでしょうか。あとになって「大丈夫？」と声をかける程度ではないでしょうか。

クレーム対応で「相棒」は大切な存在です。とくに、**過剰な要求を突きつけてくる厄介なクレーマーには、複数で対応するのが原則**です。その理由は3つあります。

①ひとりが相手とのやりとりの証人になれる

②「聞き役」と「記録係」というように役割分担ができる

③仲間がそばにいるというだけで心強い

「私にとって相棒は誰だろう？」と考えてみてください。同僚でしょうか。直属の上司でしょうか。それとも、パニックボタン（警備会社への非常通報ボタン）でしょうか。

二人三脚でクレーマーに対応すれば、余裕をもって解決策を探ることができます。

9

ステップ❸……「捨身」の行動原則

組織が一丸となって「NO」を伝える

何で俺だけに言うんだよ！
このやろう！！！！！！
消費者センターに通報するぞ！

モンスタークレーマーは「壊れたスピーカー」だと思え

ここまでお伝えしてきたことを実行しても、相手と折り合いがつかないまま、不当な要求を受け続けていたら、もう、それは最終段階です。

まず、クレーマーにどう対応するかという具体策の前に、自分の心を落ち着かせ、平常心を保つことを優先させてください。

私は交番勤務時代、交通違反の取り締まりが最も苦手でした。違反した事実を認めようとしない手合いから、ボロクソに言われるからです。

「なんで、ワシだけ取り締まられなアカンのや！」

こうした場面で反論したり、説得しようとすると、揚げ足をとられて一気に逆上されます。かといって、納得してもらえるまで丁寧に対応していたら日が暮れます。

相手のペースに巻き込まれないよう、「ご不満はあると思いますが、違反は違反です」と、淡々と伝えるだけです。その後は、何を言われても、耳に栓をするようにして、心のシャッターを下ろすのです。

クレーマーから電話がかかってきて、「ふざけんな！」と、鼓膜が破れそうな声で怒鳴られたら、受話器を耳から離してください。身がすくむほど恐ろしい怒声も、ノイズにしか感じなくなります。

常軌を逸したクレーマーは、**「壊れたスピーカー」**だと思えばいいのです。まともに取り合ってもしかたがありません。

クレーマーを「宇宙人だと思え」と、部下を指導しているベテランオペレーターもいました。あえて、相手を「上から目線」で見ることによって、心を落ち着かせているのです。

そもそも、**担当者とクレーマーの双方が100%納得することなどありえません。**とくに、この段階に入ったモンスタークレーマーが抱える不安や不満を解消し、完璧な対応をしようとするのは無理な話なのです。

また、悪質なクレームは、個人ではなく、組織に向けられたものであることを忘れないでください。つまり、仮にあなた自身が責められていたとしても、責任をとるのはあなたではないのです。そう考えるだけでも、少し気持ちはラクになります。

そして、この段階に入ってくると、「いつまで続くんだよ……」「もう、やってられない」という、うんざりした気分になってくるでしょう。しかし、どんなに厄介なクレームでも、いつかは必ず収束します。

半年間ひっきりなしに電話やメールで苦情を寄せていたクレーマーが、ある日、パッタリ連絡してこなくなることがよくありますが、クレーマーは納得したわけでなく、諦めただけだったりします。ごくまれに、調停や裁判にもつれこむこともありますが、必ず「終わり」はあります。

クレーマーの「弱み」につけ込め

クレーム対応で焦りが禁物であることは、前述のとおりですが、実は、時間に追われているのはクレーマーのほうだともいえます。

金品を狙った詐欺まがいの悪質クレーマーは、怒鳴り声で相手をパニックに陥れて、早期に金品をかすめ取るのが常套手段です。こうした**確信犯的なクレーマーは、警察に通報されることを恐れ、できるだけ短期間に決着したい**と考えます。対応する側が、必ずしも解決を急がなくてもいいと覚悟を決めれば、**立場は逆転**します。

通常、担当者は限られた時間のなかで日常業務をこなしながら、クレーム対応に追われています。クレームの長期化で疲弊するのは当然です。

また、お客様相談室の専任スタッフやコールセンターのオペレーターでも、特定のクレーマーにかかりっきりになるわけにはいきません。やはり、ひとりで対応していると、時間的な制限があるなかで神経をすり減らすことになります。

しかし、組織として対応すれば、多くのメンバーが協力し合うことで、ゆったり構えることができるはずです。**ひとりの「持ち時間」には限りがあるけれど、組織全体でとらえれば、時間はたっぷりある**と考えるのです。

前項のステップ2で述べた相棒は、いわば「横の連携」ですが、「組織対応」は横の連携に「縦の連携」が加わったものと考えていいでしょう。

「エスカレーション」で持久戦に持ち込む

組織的なクレーム対応で一般的なのが**「エスカレーション」**です。これは、クレームへの対応を担当者（一次応対者）から上位管理者やスーパーバイザー（二次応対者）にバトンタッチすることです。クレーマーの要求がエスカレートしたり、興奮したクレーマーをクールダウンさせたりするときに、エスカレーションが行われます。

しばしば、「時間」「場所」「人」を替えることでクレームの収束を図りますが、エスカレーションとは「人を替える」という意味です。

私が提唱する組織対応は、さらに「時間」をかけ合わせた複合的な措置です。それは、**組織全体でクレームの実態を把握し、悪質なクレーマーを放置する**ことです。

詳しくは2章で述べますが、「やるべきこと」を行った後は、こちらからアクションを起こさず、クレーマーには**「できない」と結論だけを伝える**のです。相手の言い分に耳を傾け、相手に納得してもらおうと努める必要はありません。「恐れ入りますが、ご要望にはお応えできません」などと、「ノー」を繰り返し伝えるだけです。

このようにして**「持久戦」に持ち込めば、しだいにクレーマーはつかみどころを見失い、手詰まりになる**はずです。

もし、これでも相手が引き下がらず、さらにヒートアップして暴力をふるったり、業務妨害をしたりするようになれば、警察対応の段階です。警察に通報するときの注意点も、２１０ページで詳しくお伝えします。

悪質クレーマーには「ラグビー型」で組織対応せよ

相手の悪質性をはっきり認めることができたら、持久戦に持ち込むためにも「個人戦」から「組織戦」に大きく舵《かじ》を切らなければなりません。

ところが、多くの企業では組織戦を展開できるだけの体制が整っていません。

その第一の原因は、**トップマネジメントの認識不足**にあります。私はいつも、経営者や管理職の皆さんに、スキーのジャンプ競技を引き合いにしてこう話しています。

「クレームの初期対応では、低い姿勢で助走しますね。では10秒間、その姿勢を保ってみてください。膝がぶるぶる震えませんか？　次に爪先立って、前傾姿勢で滑空してみてください。では、その姿勢をとってみてください。これもつらいはずです。さらに、着地するときは、両手を広げて上半身を起こしたテレマーク姿勢をとらないと減点されます。クレーム現場の担当者は、同じくらいたいへんなのです」

第二の原因は、「個人」と「組織」が有機的に結びついていないことです。

本来、クレーム対応における理想的な組織は**「ラグビー型」**だと考えています。

ラグビーの試合を思い浮かべてください。先頭でボールを持って走るプレーヤーは、激しいタックルをかわしながら、相手陣地のゴールを目指します。途中で倒れそうになったら、チームメイトがすばやくパスを受けます。また、メンバーが一丸となってスクラムを組み、陣容を立て直したり、スクラム・トライを狙ったりします。

クレーム対応でも、組織のフォローが不可欠です。ところが、実際は担当者がクレームから逃げたり、組織が十分なフォローをしていなかったりします。

私にも、苦い経験があります。

ある日、顧問先であるスーパーの事業本部から、私に連絡が入りました。

「援川さん、商品に異物が混入していたというので、お客様の自宅を訪問したところ、強面の男性が待ちかまえていました。床の間には、日本刀も置いてありました。どうしましょう？」

男性幹部からのＳＯＳでした。

「このままでは、来週から始まる特別セールに影響が出ます。早く解決しなければならないので、援川さん、頼みましたよ」

「こういうときのために、あなたに高いギャラを払っているんだ」と言わんばかりでした。まるで用心棒扱いです。

クレーム現場では多かれ少なかれ、似たような状況が生まれているのではないでしょうか。ただ、ここで上司や幹部の陰口をたたいて溜飲を下げたり、「どうせ、他人事なんだろう」と諦めたりしては、なにも変わりません。緊急事態に備えて、自ら声を上げて人を巻き込むことが必要です。ただし、それにはコツがあります。

若い女性が暴漢に襲われそうになったとき、「助けてください！」と叫んでも、誰も助けてくれないことがあります。なぜなら、「面倒なことには関わり合いになりたくない」という心理が働くからです。

事件現場の聞き込み捜査でも「そういえば、悲鳴のような声が聞こえました」という証言を得られる場合がありますが、「なぜ、そのとき通報してくれなかったのか？」と残念に思ったことが何度もあります。

では、どうすればいいのでしょうか？　それは、「助けて！」ではなく、**「痴漢です！」「ドロボー！」「火事だ！」**などと大声で叫ぶことです。つまり、**周囲の人々が当事者意識をもつような訴え方をする**のです。

クレーム現場でも同じです。ひとりで対応していて、「もう無理だ」と感じたら、上司に相談しましょう。そのとき、ただ泣きつくのではなく、クレーム対応の経過報告をしっかりして、組織全体の問題として取り上げてもらえるように伝えるのです。

適切かつスピーディにクレームを断ち切るための組織改革については、終章で詳しく述べます。

クレーマーを確実に撃退するための

3つの「チューニング」

ここまで、クレーム対応の「発生」から「解決」までの3つのステップの内容を、順に説明しました。そこで、それぞれのステップを確実かつ有効に実行するために覚えておいていただきたい「マインドセット」について紹介します。

これは、パソコン操作になぞらえれば、「初期設定」です。ストレスを最小限に抑えて、正しく効率的にクレーム対応に臨むためには、事前準備が必要なのです。

「スピード感」「視界」「組織感覚」という3つの観点から、意識と感覚をチューニング（調整）しておきましょう。これを済ませておくだけで、気持ちに余裕が生まれます。

❶ スピード感　❷ 視界　❸ 組織感覚

1
「スピード」をチューニングする

クレームが発生し、その対応にもたついていると、どんなお客様でもヒートアップします。日常業務で忙殺されていると、突発的に舞い込むクレームに対して後手に回ることがしばしばです。クレーム発生直後には、スピーディな対応が求められます。

その一方で、クレーム対応に焦りは禁物です。初期対応のまずさからヘソを曲げてしまったお客様や、過剰な要求を執拗に繰り返すクレーマー、あるいは詐欺まがいのセミプロなどを相手にしていると、「とにかく、一刻も早く解決したい」という思いが頭をよぎります。しかし、解決を急ぐと、クレームの実態を把握できないまま、クレーム対応が長期化したり、クレーマーのワナにはまったりする恐れがあります。

そこで、次のようにスピード感を調整してください。

ステップ① お客様を待たせずスピ―ディに行動し、「短期戦」で臨む

ステップ② クレームの実態を見誤らないよう、「長期戦」をいとわず、じっくり行動する

ステップ③ 相手が仕掛けたワナにはまらないよう「持久戦」を覚悟する

2

「視界」をチューニングする

現代のクレーム対応で最も悩ましいのは、相手が得体の知れない存在であることが多いことです。一見しただけでは善良な市民と区別がつかない大衆モンスターが相手なので、担当者は、「見える恐怖」ではなく、「見えない不安」に苛まれます。

また、仮に大声を張り上げていたとしても、それだけでクレーマーだと決めつけることはできません。

次のように「視界」をチューニングして、効率的に判断材料を収集しましょう。

ステップ① 相手の不満を見逃さないよう、視界を大きく広げて状況を俯瞰する

ステップ② クレームの実態を見極めるため、徐々に視界を狭め、焦点を絞る

ステップ③ 相手の要求をシャットアウトするため、あえて視界を閉ざす。理不尽な要求に対しては、聞く耳をもたなくてもいい

3

「組織感覚」をチューニングする

どんなにタフな担当者でも、ひとりでクレーマーに立ち向かっていては、いずれ心が折れてしまいます。

平常心を保つための最後の砦は、仲間との「つながっている感覚」です。いざとなったら、仲間に応援を求めればいいのです。もちろん、そのためには組織メンバーの協力が不可欠ですが、まずは自分自身のなかで、次のように「組織感覚」をチューニングしておいてください。

ステップ① 担当者の責任を自覚して、個人で対応する。スポーツの団体競技と同じように、ひとりのプレーヤーとしてベストを尽くす

ステップ② クレーマーとの話がこじれそうになったら、ひとりで対応するのは危険。同僚や上司など「相棒」と一緒に対応する

ステップ③ 社会通念を逸脱した要求を執拗に繰り返されたら、組織一丸となって対応する。もし、組織内で孤立していると感じたら、迷わず上司などに相談する

2章

理不尽な要求は「この話術」で断ち切れる！

10

初期対応で相手が急に怒り出したら？

「D言葉」を「S言葉」に変える方法

その言い方は何？
バカにしてんの！
その態度は
何だ！
客を
ナメてるのか！

お客様はなぜ、「D言葉」でキレるのか？

クレーマーは、表情に出すか出さないかは別にして、たいてい怒りの感情を抱いています。したがって、クレームを円満に解決するには、まず何よりも先に相手をクールダウンさせることが前提になります。

しかし、対応を誤るとクレームを長期化させます。その最大の原因は、前章で述べた「D言葉」を使ってしまうことです。

役所の事例

役所の住民窓口で年配の女性がイライラしている。

「さっきも言ったでしょ。私は証明書がほしいの！」

担当者は、困惑しながら「はい、それはよくわかりました。そのためには必要書類を揃えてお持ちくださらないと手続きができないんです」と答える。すると、女性が言った。

「ここにあるじゃない！」

女性は1枚の紙片を担当者の目の前に突き出した。

今度は担当者が言い返した。

「ですから、何度も申し上げますが、これだけではダメなんですよ」

「その言い方は何？　バカにしてんの！」


このケースでは、「ですから」というワンフレーズで、相手はキレてしまったわけです。これは、単に「言葉づかい」の問題として片付けられることではありません。『だから』ではなく、『ですから』と丁寧語を使っているじゃないか」と思われるかもしれませんが、担当者の「意識」が言葉にはっきりあらわれているのです。

「D言葉」は、相手にとって、次のように伝わるのです。

- **「ですから」**……〈そんなこともわからないの？〉という**「上から目線」**
- **「だって」**…………〈そんなことを言われても困る〉という**「逃げ腰」**
- **「でも」**……………〈それは違うんじゃないの？〉という**「反抗的な態度」**

数年前、タクシー乗務員への暴力行為が頻発し、マスコミでもさかんに取り上げられました。私もタクシー会社から依頼を受けて、トラブル防止のためにアドバイスしたことがあります。そのとき、車載カメラの映像を見て「やっぱり」と思いました。

タクシーの事例

タクシーに乗り込んできたのはスーツ姿の中年男性。かなり酔っぱらっている様子で、「まっすぐ、いや、その交差点を右！」と、ろれつの回らない口調で乗務員に指示している。

乗務員は黙々と運転を続けた。しかし、不機嫌そうな乗客は「わかったか？ 返事がないぞ」と乗務員に絡んでくる。乗務員は、そのたびに「はい」と小声で応じるが、乗客はさらに「ちゃんと聞いているのか！」と迫ってくる。

さすがに乗務員も嫌気がさして、「ですから、『はい』と言ってるじゃないですか」と答えてしまった。その瞬間、乗客が怒鳴り声を張り上げた。

「その態度はなんだ！ 客をナメてるのか！」

乗客は後部座席から身を乗り出し、いまにも殴りかからんばかりだ。

一般常識からすれば、乗務員に非はありません。乗務員にとっての酔っ払った客は、まさに「常識が通用しない、面倒なお客様」です。

しかし乗客にしてみれば、「困っている」からタクシーを拾ったのです。昼間は真面目に働いていても、歩けないほど酔ってしまったのかもしれません。

困っていることを抱えているという点では、クレーマーも同じです。病院通いをしているモンスターペイシェントは、その最たるものです。クレーム対応では、通常の接遇より細やかな目配り・気配りが求められるのは、ある意味で当然です。

「あいづち」から「S言葉」につなぐ

では、こうした場合には、どのように対応すればいいのでしょうか？

クレーム対応の経験が豊富な担当者なら、状況に応じてうまく切り返すことができるでしょう。気のきいたジョークで一気に場をなごませることができるかもしれません。しかし、慣れないうちは、そんなことはできなくて当然です。

そこで、D言葉を封印する簡単な方法があります。

それは、**D言葉を「S言葉」に変換する**ことです。つまり、次のように「サ行」で始まる言葉に言い換えるのです。

「ですから」→**「失礼いたしました」**

「だって」→**「承知いたしました」**

「でも」→「すみません」

たとえば、冒頭の役所の例でいえば「ここにあるじゃない！」と言われたら、「ですから」に代えて「失礼いたしました」と応じれば、余計な怒りを買うことはなかったはずです。その後で「私の説明不足でした。もう一度、ご説明いたします」とつなげばいいのです。

また、相手の怒りを鎮め、解決の糸口を見つけるには**「あいづち」で共感を示す**ことも重要です。基本的には、次のように3つのパターンのあいづちをマスターします。

①「はい」「さようでございますか」

ストレートに相手の話に同調するときに使います。あいづちの基本形といってもいいでしょう。声のトーンによって、さまざまなニュアンスを伝えることができます。

②「ごもっともです」「おっしゃるとおりです」

やや強めに相手の意見に同調するときに使います。ただし、あまり頻発すると嫌味に聞こえることがあるので注意します。

③「そうなんですか」「そんなことがあったんですか」

感嘆を込めて相手の話に同調するときに使います。ただし、これも過剰に使うと、かえって不快感を与えることがあるので注意します。

あいづちを打ちながら傾聴している間、相手の理不尽な要求に思わずD言葉が口から出そうになったら、頭の中でS言葉に置き換えます。**あいづちからS言葉につないでいけば、相手の興奮は徐々に収まり、会話がスムーズに流れる**ようになるでしょう。

こうしたテクニックは、経験を重ねれば誰でも身につきます。セリフを丸暗記しなくても、あいづちやS言葉のフレーズを準備しておけば、いざというときに使えます。しかし不慣れな人は、まだ不安が残るでしょう。そこで、とっておきの覚え方を伝授します。「サ行のほめ言葉」をご存じですか?

- **「さすがですね」**
- **「知らなかった」**

- **「すごいですね」**
- **「センスがいいですね」**
- **「そうなんですね！」**

こんなふうにあいづちを打たれれば、悪い気になる人は多くないでしょう。クレーム対応でも「さしすせそ」でキラーフレーズを覚えておくのが有効です。

ⓢ **「さようでございますか」**
ⓢ **「失礼いたしました」「承知いたしました」**
ⓢ **「すみません」**
ⓢ **「……」**
ⓢ **「そうなんですか」**

「せ」が抜けていますが、じつはここが最も重要です。
声には出さなくとも、クレームから逃げずに**「責任をもって、私が対応します」**という意識をつねにもっておくことです。

初期対応での「5つの禁句」

D言葉のほかにも、相手の怒りを再燃させる「不用意なひと言」があります。

その代表例が**「会社の規定（方針）で」「事務処理上」**といった表現です。これらは、こちらの都合を一方的に押しつけているように解釈されることがあります。

また、**「普通は」「一般的に」「基本的には」**という言葉も、使い方によっては「上から目線」の印象を与えかねません。

たとえば「普通は、そのようなトラブルが起きないはずなんですが……」と言われた身としては、「じゃあ、オレは普通じゃないのか！」と、カチンとくるわけです。

初期対応では、こうした相手を不快にさせる言葉に十分注意してください。

ただし、過剰要求を繰り返す悪質なクレーマーに対しては、その限りではありません。丁寧な言葉づかいをしながらも、ドライに言い切ることが必要です。

最初の5分間は徹底的に演じ切れ

初期対応は、最初の5分間が勝負です。5分間というと、ずいぶん短く思うかもしれませんが、相手の怒気を帯びた声を聞いていると、結構長く感じるものです。

しかし、決して気を緩めてはいけません。クレームの初期対応は、比較的マニュアル化しやすいように考えられがちですが、油断すると思わぬ失敗をおかします。

「受話器を置く前に、フッとため息をついてしまった」

クレーム電話への対応では、そうしたことが起こりがちです。一瞬の気の緩みから話がこじれてしまうことがよくあるのです。

電話は声だけのコミュニケーションであるため、「声が小さい」「早口だ」と文句を言われることもあります。また、相手の大声につられて自分の声にも力が入ってしまい、いつの間にか論争になってしまうケースもあります。

クレーマーの自宅を訪問した際にも、「顔がニヤけている」「お辞儀の角度が悪い」「名刺の出し方が無礼だ」などと叱られることがあります。

言いがかりに近いことも少なくありませんが、初期対応では**「演じ切る」**ことが大切です。上辺だけの猿芝居ではなく、本気でひと芝居打つ覚悟が必要です。

11

延々と続く話を切り上げるには？

長いクレームを強制終了させる「時間戦略」

まだ話は
終わってない！
話の途中で
電話を切るな！

「別室対応」と「アンケート」で怒りをクールダウンさせよ

「相手の話が延々と続き、話を切り上げるタイミングがつかめない……」

クレーム担当者の多くが、相手の話にどこまでつき合えばいいのか悩んでいます。とくに、前出の団塊の世代に多い「説教型」のクレーマーは、話すことが目的化していることがあり、対応に苦慮します。また、さびしさを紛らわすため、オペレーターや担当者に絡むシルバーモンスターも大勢います。

クレームの初期対応では、共感をもって相手の話を傾聴することが原則ですが、いつまでもクレーマーの話につき合うことは、業務に支障が出るだけでなく、クレーマーに取り込まれる危険性も大きくなります。

では、どのようなスタンスでクレーマーと向き合えばいいのでしょうか？

それは、傾聴の姿勢を念頭に置きながらも、**時間を区切って応対**することです。

たとえば、あらかじめ**クレームの発生現場での対応は5分間に限定して、それを過ぎたら別室で対応する**というルールをつくっておくのです。場所を移動することで、クレーマーの興奮がクールダウンすることがあります。

また、**アンケート用紙を備えて、所定の時間が過ぎたら、そこに要望を記入しても**

らうというシステムも考えられます。

「まだ話は終わっていない！」と言われたら、「申し訳ありませんが、いまは時間がありません。このアンケート用紙にご要望をお書きください。差しつかえなければ、お名前と連絡先もお願いいたします。後でお返事いたします」と提案するのです。

この場合、住所・氏名を書いてもらうことで、クレームの悪質性を測れます。自分の名前を名乗ったうえで苦情を申し立てているのであれば、その主張の信憑性は比較的高いと判断できるのです。

長電話を強制終了させるフレーズはこれだ！

クレーム電話が長引いたり、頻繁にかかってきたりする場合も、同様に応対する時間を区切ります。ただし、「何度もお電話を頂戴していますが……」などという曖昧な言い方だと、納得されない可能性が高いでしょう。

メーカーの事例

健康食品メーカーのフリーダイヤルに、毎日午後3時頃に電話をかけてくる老人がいた。用件は商品内容の説明など、他愛のないものだ。

まれに、折り返し電話を求められるが、そのときは「夕方以降に電話は寄越すな」と言う。どうやら、家族には電話を聞かれたくないらしい。日中、暇つぶしで電話をかけていることは、ほぼ間違いなかった。

ただ毎月、商品を定期購入しているお客様なので、むげにもできない。担当者は連日の対応に疲れ果てていた。

そこで私は「これまでの通話データを揃えて、相手に断りの返答をする」ようにアドバイスした。

翌日、老人から電話がかってきて、同じような内容を繰り返そうとした。そこで担当者は、やんわりと断りの意思を伝えた。

「×月×日から今日まで、合計○回、電話をいただいています。1回の電話も×分以上なんです。申し訳ありませんが、次からは一般的なお話には対応しかねます。私としては、商品についてご説明したい気持ちもあるのですが、会社の方針として対応できないんですよ」


このケースでは、初期対応では禁句の「会社の方針」という言葉を使っていますが、「お客様」がすでにモンスター化し始めているこの段階では有効です。

そもそも、相手と話していて**「おかしいな」と思ったら、早めにモードチェンジ**することが大切です。「相手の言い分を聞き、なにごともよく話し合って解決を図ろう」というのは、クレーマーとのやりとりでは通用しません。相手の言い分をしっかり聞くことで、いつの間にか相手の土俵に上ってしまう恐れがあるからです。

また、モンスター化したクレーマーに対しては、通話を「細切れ」にすることも効果的です。2時間も3時間もまくし立てるクレーマーでも、たいていは1回の電話で決着をつけたいと思っています。たとえ百戦錬磨のクレーマーでも、2回目の電話をかけるには、それなりに気合いを入れなければならないのです。

「途中で電話を切ってもいいんですか？」と質問されることもありますが、むしろ「もう、切らなくてはいけない」というケースのほうが断然多いのです。

断りのフレーズはシンプルです。

「誠に申し訳ございませんが、いま結論を出すことはできませんので、一度電話を切らせていただきます」

まずは、口調は丁寧にしつつも、**きっぱり会話を中断**します。

それでも相手が無理難題を押しつけるようなら、こう切り返します。

「申し訳ございませんが、私どもではそのようなご要望にはお応えできかねます」

こう言い切って、受話器を置けばいいでしょう。

「話の途中で電話を切るな！」などと、すぐに電話がかかってきたときは**「先ほども申し上げたとおり、私どもではそのようなご要望にはお応えできかねます。失礼いたします」**と言ってガチャン。

これを3回も繰り返せば、相手もかなり消耗しますから、諦めて引き下がる確率はグンと高くなります。

この「フェイント」で訪問先は「30分」で切り上げる

クレーマーの自宅を訪問して、「3時間話し合ったが、納得してくれなかった」という話もよく耳にします。酔っぱらいクレーマーの「酒の肴《さかな》」にされ、延々と世間話につき合わされる担当者もいます。

長時間粘ったからといって、いい結果が得られるわけではありません。**クレーマーの自宅でのやりとりは、30分を目途に切り上げましょう。**

90ページで述べたように、たいていは30分も話を聞けば、相手の主張は理解できます。場合によっては、玄関先で用件を済ませても構いません。

通信工事会社の事例

通信工事会社に「電話回線にトラブルがある」と男性からクレーム電話が入った。「IP電話に雑音が入る」というのが主旨だが、電話応対の態度や工事体制などについても苦情を訴えた。

そこでまず、通信状態を改善するため、ルーターの交換に認定業者を派遣した。その時点で通信トラブルは解消されたが、今度は「なぜ、社員が出向いてこないのか。業者まかせにするのはけしからん！」と立腹し、訪問謝罪を求めてきた。しかたなく、クレーム対応に長けた担当者が、お詫びに男性宅を訪問した。

すると、得意げに通信技術に関する持論を展開し、そのことに対する回答を求めた。しかし、その内容はクレームとはほとんど関係がない。どうやら、担当者を指導することで満足感を覚えているらしい。担当者は10分ほど経過したのを見計らって、こう言った。

「膝の具合が悪いので、足を崩させてください」

このひと言は、**相手の要求を見極めるためのフェイント**である。もし、「お詫びに来て、足を崩すとは何事だ！」と言われたら、「お詫びして、ご説明したいと思っていたのですが、お話しできないのですね」と辞去すればいいのだ。

実際には、「いやぁ、気がつかなかった」と座布団を出された。しかし、座布団は遠慮する。なぜなら、**わざと壊れた眼鏡などが座布団の下に置かれていることがある**からだ。

男性の話はその後も続いたが、訪問してから30分が経ったとき、担当者はこう言って、席を立った。

「お話はよくわかりました。ただ、私ひとりでは判断できません。大切なことなので、しっかり協議してお答えいたします」

この担当者の対応は、合格点だと言えます。

「訪問先でなかなか帰してもらえません。これは罪にならないのですか？」

これも、私がよく受ける質問ですが、「途中で『帰らしてください』と言ったの？」と尋ねると、たいていは「そんなことを言える雰囲気じゃないですよ」という答えが返ってきます。

しかし、それでは2時間いても、3時間いても、罪には問えません。

こちらから「帰りたい」という意思表示をしなければ、「強要罪」が成立しないからです（177ページ参照）。

12

クレームの実態を把握するには？

クレーマーがつい本音を漏らす「尋ねる技術」

「事実確認」と「実態把握」を同時に進める

相手の怒りを鎮めることができたら、クレームの実態を把握する必要があります。その際、気をつけてほしいのは、**「事実確認」と「実態把握」を混同しない**ことです。

事実確認とは、文字通りクレームの内容が事実に沿ったものであるかどうかを調べることです。

たとえば、食品への異物混入を指摘されたら、検体（現物）を持ち帰り、実際にどのような異物が混入していたのか、どの過程（製造・流通・消費のいずれか）で混入したのかなどを調査しなければなりません。もちろん、その前提としてレシートや注文履歴などによって、購入の事実を確認することも必要です。商品破損などについても同様に、その事実と原因を検証します。

あるいは、従業員の接遇態度に対して、「言葉づかいや振る舞いに配慮が欠けている」という指摘があった場合は、当事者や周辺の従業員に、そのときの様子を確認しなければなりません。この類のクレームは、相手の独特な感性によるケースもありますが、そうした特殊ケースについては181ページから紹介します。

いずれにしても、クレーム対応において事実確認は不可欠です。クレームの主は、その回答を待っていますし、組織にとっても業務改善につながる有益な情報が含まれている可能性があります。

したがって、「結果を報告しろ！」「しっかり調査してほしい」という要求に対しては、原則として真摯な態度で臨まなければなりません。電話応対でも対面でも、あるいは文書やメールによる報告書という形でも、きちんとした報告が求められます。

一方、クレームの実態把握は、事実確認に加えて、**クレーマーの目的や動機も考慮に入れたもの**です。これが難しいのです。

「オレの責任か？」「自作自演だと言うのか！」などというセリフが悪質なクレーマーの口から飛び出すことは珍しくありません。

しかし、実態把握が難しいからといって判断を先延ばしにしていると、その間に担当者のストレスはどんどん膨らんできます。

したがって、**一定時間が経過したら区切りをつける**ことがとても重要です。この原則を前提にして、クレーマーから発せられる「サイン」を見逃さないようにします。

悪質クレーマーを見抜く7つのフレーズ

クレーマーの悪質性やしつこさを見極めるのは容易ではありません。外見や態度で見分けることもできないし、怒鳴り声を出しているからといってクレーマーだと決めつけることもできません。

ただ、**「納得できない！」**というセリフは、警戒すべきシグナルです。この言葉の裏には、「事実確認のための調査が不十分だ」という切実な思いがある場合もありますが、**「ゴネれば特別待遇を受けられるかもしれない」**という不純な動機が隠されている場合が少なくありません。

このほか、クレーマーとのやりとりのなかで「これはおかしい」と感じることがあったら、注意が必要です。わかりやすいのは、次のような「脅し文句」です。

❶悪評をばらまくと脅す

「ネットに流すぞ！」「SNSで拡散するぞ！」
「マスコミに言うぞ！」「ビラをまくぞ！」など

❷公的機関や監督官庁に訴えると脅す

「消費者団体に通報するぞ！」「保健所にかけ込むぞ！」「消費者庁に告発するぞ！」など

❸結論を急がせる

「いま、ここで結論を出せ！」「いますぐに来い！」「いまから会いに行く」など

❹暗に金品や特別待遇を要求する

「どうしてくれるんだ！」「誠意を見せろ！」「治療費を払え！」「精神的苦痛を補償しろ！」「迷惑料を払え！」「休業補償をしろ！」など

❺他社の対応を持ち出す

「B社は（要求に応じて）○○○したぞ！」など

❻こちらを懐柔しようとする

「オレとオマエ、心と心の問題だ」「コトを大きくしたくない」「丸く収めよう」など

❼社会通念から逸脱した謝罪を求める
「土下座しろ！」「クビにしろ！」など

このほか、**「責任者を出せ！」「謝罪文を出せ！」「社告で詫びろ！」**といったセリフにも、悪意が潜んでいることがあります。

こうしたセリフが相手の口からポンポン出てくるようなら、警戒したほうがいいでしょう。怒りを抱えたお客様も、時に勢い余って暴言を吐くことがありますが、興奮が収まれば「やりすぎた感」を覚え、引き下がるのが普通です（168ページ参照）。

■「顧客満足」から「危機管理」にモードチェンジした成功例

悪質なクレーマーは、**「話が飛びやすい」**のも特徴です。担当者をおだてたり、けなしたりしてじわじわと締め上げてきたり、時事問題などを持ち出して論点をはぐらかそうとしたりするのです。

「天下の○○社が、こんな対応でいいのか？」「これじゃマズいだろう」「世の中は……」などと〝波状攻撃〟を仕掛けてくるのです。こんなケースがありました。

スーパーの事例

ローカルスーパーでの出来事。ことの発端は、「女性店員の態度が悪い」という30代の男性からのクレームだった。

「半額セール商品の値札が違っていた。だから、レジに向かって『ちょっと、お姉さん！』と大声で呼んだのに、なかなか来てくれなかった」

男性は店長にこう文句を言って帰ったが、その後も、しつこく電話をかけてくるようになった。そこでお客様相談室にバトンタッチした。

「山田（仮名）って女、クビにしたほうがええんちゃう？　愛想のかけらもない」

先制パンチが飛んでくる。この男性は従業員が胸につけている名札を見て、女性店員の名前を覚えていたようだ。そして、間髪を入れずに「山田には土下座して謝ってほしい」と、二の矢が飛んできた。

ところがその後、男性は声のトーンを落として言う。

「仕事で徹夜した後は、できたての弁当が楽しみでね。それなのに、接客マナーが悪くて気分が台無しだ。店員個人のせいというより、会社の教育が悪いからだ」

また、こんなことも言い出す。

「これまでにもレジの打ち間違いが何度もあったと思う。僕がなんぼ損しているのかはわからん。レシートが残っているわけじゃないが」

さらに、脈絡のない会話が延々と続く。

「あの女、挨拶もろくにできない」

「申し訳ございません。従業員の指導を徹底してまいります」

「『半額セール』と書いてあれば買いたくなるよな。その値札が間違っていたらオタクならどう思う？」

「誠に申し訳ありません。お求めの商品をご用意致しますのでお持ちください」

「オタクの弁当類は本当においしい。とくに揚げ物がうまいね」

「ありがとうございます」

「仕事では決算書をつくったりしとるのよ。ビジネスマンとして、数字は気になるんだ。だから、いつも広告の値段やレシートをチェックしている」

「さようでございますか」

「ぶっちゃけていえば、証拠がないのに『金を返せ』とは言えない」

「はい」

「ボクはこれでも、法学部出身でね。司法試験は受けなかったが、法律には詳しいほうだ」

「そうですか。すごいですね」

「金銭の問題じゃない。補償してくれるといっても、現金や商品券でもらうのは気が進まんな」

恐喝にならないよう予防線を張っているが、物欲しげな気配がビンビン伝わってくる。そして、ついに馬脚をあらわした。

「ホンマは『カネとかはいらん！』と言いたいんやけど、それでは気持ちが収まりませんよ。僕の気持ちもわかってくださいよ。クレームがあったら、仮に客に非があったとしても、手土産を持って謝罪に行くもんでしょう」

丁寧な物言いに変わったが、要するに、金品の催促である。


ここで、相手のペースに巻き込まれて「では、お詫びにうかがいます」とでも答えてしまっては、相手の思うツボです。**「顧客満足」から「危機管理」にモードチェンジ**して、クレームを収束させる方向にもっていかなくてはなりません。

この担当者は、うまくモードチェンジした好例です。顛末は次のようなものでした。

「お客様のご指摘は、私どもにとってたいへん勉強になりました。ありがとうございます」

まずは、こういう言い方で「終結」をほのめかしたのだ。

すると、クレーマーは最後の攻撃を仕掛けてきた。口調もガラリと変わる。

「アンタ、ボクに敵意をもってるんか？　こちらに証拠がないことをいいことに、『知らぬ、存ぜぬ』か！　怖いなぁ。この一件が原因でうつになって、仕事ができんようになったらどうしようかと、不安になるわ」

もはや支離滅裂。恐喝に近いといってもいい。

ここからは「できないことは、できない」と、はっきり告げる段階に入る。

「では、どのようにすればよろしいでしょうか？」

「ウーン、とにかく山田の謝罪がほしい」

「はい、お詫びはきちんとさせていただきます。ただ、山田をクビにしろとか、土下座させろとおっしゃるのであれば、私どもとしても看過できません」

「それはわかっとる。クビとか土下座はしなくていい」

クレーマーは、担当者のきっぱりとした口調に少しひるんだようだ。

「よく言い聞かせ、今後の業務に生かすよう、しっかり指導してまいります」

これで、クレーマーは手詰まり状態になった。そして、こう言い残した。

「その言葉を待っとったんや」

担当者は「今後とも、ごひいきにしてくださいますようお願いいたします」と述べるにとどめた。

3つのモードで本音を聞き出す

この事例のように、相手に取り込まれないように間合いをとりながら、問題の核心にピントを合わせるのは、なかなか難しいことです。

私もクレーム対応に取り組んだ当初は、その感覚がなかなかつかめませんでした。最初から根掘り葉掘り聞いたり、矢継ぎ早に質問したりすれば、悪意のあるクレーマーではなくても、反感を買います。だからと言って、いつまでも下手に出ていると、肝心なことを聞けないまま時間だけが過ぎていきます。

そこで、クレーマーの本音を引き出す「尋ねる技術」を紹介します。これは、警察官時代に身につけた職務質問（職質）の技術をもとにした手法です。

路上や駅前などで行われる職質は、犯罪を取り締まる有力なツールですが、あくまで任意で行われます。強制力もなく、市民の協力もあまり期待できない中で、スムーズに職質することは容易でありません。

この難しさは、クレーマーを相手にするときと共通しています。

具体的には、次のような「お願い」「気合い」「追求」の3ステップを踏みます。

ステップ❶……お願いモード

話しやすい雰囲気をつくり、相手の話に傾聴する段階です。初期対応の基本に沿って、「このたびは、ご迷惑をおかけして申し訳ありません。さて……」などと丁寧な言い方で事実関係の概要を把握するように努めます。

職質でも、話の6割程度は日常会話であり、ベテランの制服警官も敏腕刑事も、最初から射るような視線を相手に向けることはありません。「お急ぎのところを申し訳ありません」「少しだけ協力していただけませんか？」などと、笑顔を交えて相手に協力を仰ぎます。そして、とくに不審点がなければ、そこで切り上げます。

ステップ❷……気合いモード

「さようでございますか」**などのあいづちで調子を合わせつつ、相手の言動をじっくり観察する**段階です。脅し文句や話の脈絡にも注意を払います。曖昧なところや疑問点についてストレートに質問するのは、この段階に入ってからです。ただし、詰問するようなキツい口調にならないように注意します。

職質でも同様に、「そうなんですか」「なるほど」「……ということなんですね」とあいづちを打ちながら、もっぱら聞き役に回ります。そうすれば、こちらが少々粘り強く絡んでいっても、相手はそれほど不快感を覚えません。一方、警察官は穏やかな目の奥から、相手の一挙手一投足を注視しています。

ステップ❸……追及モード

相手の本音を引き出せたら、「ご検討いただけませんか？」などと、こちらから解決策を提案する段階に入ります。または、できることと、できないことを伝えたうえで相手の希望を聞いたり、「できないことは、できない」とはっきり告げます。

職質では、疑問点を指摘して、不審なところがあれば所持品を提示させたり、氏名や住所を確認したりします。場合によっては、交番に同行を求めることもあります。

なぜ、クレーマーの自宅訪問は「3人」が理想的なのか？

クレームが発生すると、担当者がお詫びと実態把握のためにクレーマーの自宅を訪問することがあります。その際、クレーマーの話を聞くだけでなく、その態度やしぐさを観察することで、見えてくるものもあります。

刑事ドラマでおなじみの「ガサ入れ（家宅捜索）」では、捜査員はやみくもにあちこち探し回っているわけではありません。容疑者の表情やしぐさから、隠し場所を推察しているのです。たとえば、捜査員が居間を捜索しているときはジョークを飛ばしていた容疑者が、寝室に入ったとたん落ち着きがなくなることがあります。

クレーム担当者は、事実確認のために、**スマホやデジタルカメラ、ボイスレコーダー、筆記具、検体を持ち帰るポリ袋やタッパー**などを持参していますが、実態把握のためには「モノ」だけでなく**「ヒト」を観察**することも忘れないでください。

また、**クレーマーの自宅を訪問するときは、複数で行くのが原則**です。理想的には3人です。ひとりは聞き役、もうひとりは記録係、そして残った1人は屋外で待機し、トラブルが起きそうな気配を感じたら、応援に入ったり、警察に通報したりします。

また、3人がローテーションを組めば、**3回の訪問までは「違う顔ぶれ」でクレーマーに会うことができる**というメリットもあります。なお、事前に周辺で聞き込みするのは、クレーマーの気分を害する恐れがあるので、やめておきましょう。

13

理不尽な要求を繰り返されたら？

過剰要求を サラリと受け流す 「ギブアップトーク」

クレーマーの攻勢をかわす3つのフレーズ

こちらの落ち度かどうかもわからないのに、相手が執拗に理不尽な要求を繰り返すようなら、「ギブアップ」するのが得策です。

ギブアップといっても、相手の言いなりになるわけではありません。

次の3つの代表的なフレーズを使って「即答できない」ことを繰り返し伝え、攻勢をかわすのです。

「私ひとりでは判断できません」
「大切なことですから、しっかり協議してお返事いたします」
「お急ぎかもしれませんが、今すぐというわけにはいきません」

担当者はその場から逃げ出したり、後ずさりしたりするのではありません。身体を開きながら、**一歩斜め後ろに身を引くというイメージ**です。こちらに突進してくるクレーマーは、目標を見失って自らバランスを崩すでしょう。

柔道の「体《たい》さばき」をご存じでしょうか？　投げ技を仕掛ける際、片足を後ろに引いて相手に対して直角になる「後ろさばき」というものがありますが、そんなイメージをもってください。こんなケースがありました。

食料品店の事例

閉店間際の食料品店に、「今日買った佃煮を夕飯で食べたら、腹が痛くなった」と訴える男性が訪れた。

男性は、とくに苦痛を我慢している様子ではなかったが、「これから病院に行くから、タクシー代がほしい」と言う。店内にはまだ数人のお客様がいたが、チーフが最寄りの救急病院までタクシーで同行した。

「どうして店長が来ないんだ?」と、男性は不服そうだった。

一方、男性が持参した現物と購入履歴を店長が確認すると、たしかに賞味期限が2日間切れていた。すぐに現物を冷凍保存した。

病院で診察を受けた男性は、どこか様子がおかしい。ときおり、診察室から男性のとがった声が聞こえてくる。どうやら医師と言い争いになっているようだ。

しばらくして診察を終えた男性を、チーフが自宅までタクシーで送った。今後の対応については、後日あらためて話し合うことになった。

翌日、店長は保健所に連絡し、賞味期限切れの佃煮を販売した事実について報告するとともに、現物の病原菌検査を依頼した。その後、男性宅を訪問するために電話をかけると、「まだ気分が悪い」ということで話し合いは延期された。

その2日後、店長はチーフをともなって男性宅を訪れ、謝罪した。しかし、店長がそれまでの経過報告を行っている途中で、男性は話をさえぎって言った。

「診療費はどうした？」

「はい。今回の診療費は支払わせていただきます。今後につきましては、診断書を拝見してから、対応させていただきたいと考えております」

すると、こともなげにこう言う。

「休業補償をしろ！　もう3日も仕事を休んでいるんだ。明日も仕事に行けるかどうかわからない」

店長が押し黙っていると、さらにたたみかけてきた。

「子どもがまだ小さいし、家計が苦しいんだよ。実際に賞味期限切れだったんだろ。それぐらいのことはしてくれてもいいんじゃないか？」

「私ひとりでは判断できません。大切なことですから、しっかり協議してお返事いたします」

ここで、苦しまぎれに「そうですか。わかりました」などと安請け合いをしては絶対にいけません。ギブアップトークで応じるのが賢明です。

しかし、相手が納得するとは限りません。むしろ、「はい、そうですか」と引き下がるケースは稀でしょう。

実際、このときも、男性は納得しませんでした。続きはこうです。


「なにを言ってるんだ！　こっちは来月の生活費も心配なんだよ。いま、ここで結論を出せ！」

「お急ぎかもしれませんが、いますぐに、というわけにはいきません。しっかりと協議をしてお返事をさせていただきますので、あらためてお名前、ご連絡先、ご住所を正確に教えていただけますでしょうか？」

　こんどは男性が色めき立った。

「そんなに簡単に個人情報を出せると思うのか？」

　店長はこう切り返した。

「今回の件は重大ですので、しっかり協議をしてはっきりお返事をするためにも、お名前とご住所、ご連絡先をお聞きして、上に詳細を報告する責任があります」

このように「即答できない」という姿勢を貫けば、クレーマーも徐々に気勢を削がれていくのが普通です。

ところが、この男性は、さらに噛み付いてきました。

「オマエじゃ話にならん。責任者を出せ!」

「私が責任をもってお聞きし、十分に協議したうえで、しっかりとお返事させていただきます」

早く決着をつけたいクレーマーは、決裁権者と話そうとします。

しかし、「責任者を出せ!」と言われたからといって、すぐ上司にバトンタッチする必要はありません。まずは担当者として**「私が責任を持って対応させていただきます」**と答えるのです。

ただ、そうすると「責任者なら、いま、ここで結論を出せ!」と話が逆戻りしてしまうことがあります。中小企業の経営者や商店主などは、実際に矢面に立ってクレーム対応していることも多いでしょう。

その場合には、次のようなギブアップトークでクレームを「終結」させます。

「私は責任者ですが、お客様からのお申し出は非常に大切なことなので、私だけでは判断できません。協議してお返事したいと思いますので、お名前とご住所、連絡先を教えてください」

店長は、そう繰り返した。すると、男性は「それで責任者か？　頼りないやつだなぁ」と挑発してきた。店長のプライドを揺さぶっているのである。

しかし、店長は落ち着いてこんなふうにかわした。

「はい、情けないことです」

つまり、**ギブアップトークとは、相手の土俵に上がらないということ**です。

本項目で紹介しているフレーズは、悪質なクレーマーが発する脅し文句のほとんどに通用することがわかると思います。

「いまから会いに行く」と言われたら、

「**お急ぎかもしれませんが、今すぐというわけにはいきません**」と応じます。

「治療費を払え」「精神的苦痛の補償をしろ」

などと要求されたら、

「私ひとりでは判断できません」

「大切なことですから、しっかり協議してお返事いたします」

と、かわせばいいのです。

また、「詫び状を書け！」「謝罪文を出せ！」「社告で詫びろ！」「一筆書け！」などと、迫られることもあります。こうした要求を安易に承諾してはいけません。

なぜなら、悪質クレーマーは、それらに書かれた内容を自分の都合のいいように拡大解釈して、あの手この手で攻めてくる可能性があるからです。たとえば、「誠意をもって対応します」という一文を盾にして法外な補償を求めてきたりします。

そこで、担当者としては**「私ひとりでは判断できません。大切なことですからしっかり協議してお返事いたします」**と言っていったん持ち帰り、上司や弁護士などと協議するようにします。

14

「すぐに！」を強要されたら？

即時対応は危険。「うまいお詫び」で時間を稼ぐ

焦らせるクレーマーにはこう対応せよ

結論を急がせるのは、クレーマーの常套手段です。「今すぐ◯◯しろ！」という要求には、「お急ぎかもしれませんが、いますぐというわけにはいきません」と、ギブアップトークで切り抜けることが基本です。

ところが、頭では理解していても、咄嗟のことなので迷いが生じます。つねづね顧客満足を意識している真面目な人ほど、その傾向が強いようです。担当者としての「説明責任」をしっかり果たそうとする意識が働くのです。しかし、「いますぐに来い！」「早くしろ！」「もう待てない！」と言われたからといって、必ずしもその指示に従う必要はありません。

飲料メーカーの事例

「栓を抜くとき、指を切った」

20代後半の男性から、「缶入りエナジードリンクでケガをした」と飲料メーカーの東京本社にクレーム電話がかかってきた。

「オレは仕事中だが、いますぐに来い！」と凄みのきいた声で担当者に迫った。男性は工事現場で働いており、その作業中にケガをしたらしい。担当者は、男性の剣幕に圧倒されて「はい、すぐに行きます」と答えてしまった。

ところが、男性が住んでいるのは関西地区だった。担当者は近隣の営業所に連絡して、対応を検討した。私の携帯電話が鳴ったのは、その直後である。関西エリアの営業所長からだった。

「いま、東京本社から電話があったのですが、たいそう怒っているお客様がいるらしいんです。『いますぐに来い』と言われたらしいのですが、私ひとりでは不安です。同行していただけませんか？」

「昨日から講演で東京に滞在しています。いまから行くのは無理ですが、深刻なんですか？」

私はそう言って、営業所長からおおよその事情を聞いた。

男性は、もともとこの飲料が好きで、日常的に飲んでいたらしい。本人によれば「１日に２～３本は飲む」そうである。それほどのヘビーユーザーであるにもかかわらず、製造元に怒りをぶつけてきたのである。


缶入り飲料の栓を抜くとき、まれにケガをすることはあるかもしれませんが、これで激高するというのは、いささか不自然です。

私は男性に電話で様子を聞いてみました。

「先ほどは、担当の者が失礼いたしました。おケガの具合はいかがでしょうか？」

「医者には行っていないけど、ばんそうこうを張って血も止まっている」

急を要する事態でないことを確認してから、こんなふうにお詫びした。

「このたびは、ご不快な思いをさせてしまい、たいへん申し訳ございませんでした。お怒りのお電話をいただき、担当者がこれからご訪問させていただくと申し上げてしまいましたが、すぐにうかがうことはできかねます。恐れ入りますが、お時間をいただけますでしょうか？」

この時点で、男性はずいぶん冷静さを取り戻していた。この後しばらく、「お仕事に差しさわりはありませんか？」「病院に行かれますか？」などと話をしていると、男性から「もうええわ」という返事をもらうことができた。

最終的には、「見本の1ダースを送らせていただきます」と申し出たところ、男性は「ああ、ありがとう。これで1週間は安泰やな」と言って苦笑した。

私はクライアントから、「訪問の約束をしてしまいましたが、よく考えたら、いま職場を抜けることはできません。どうしましょう」という相談を受けます。

そんなときは、丁寧な口調で前言を撤回し、お詫びすればいいのです。準備不足で面談に臨んでも、得るものは少ないでしょう。もし、相手が指定する時間に間に合わなければ、2次クレームに発展してしまいます。

クレーム担当者は、完璧に対応しようとするあまり、やらなくていいことをしてクレームを長期化させたり、2次クレームを引き起こしてしまうのです。

時間稼ぎも立派な戦術

話がこじれてきた段階では、むしろ**時間をかけることのメリットを最大限に利用す**ることを考えるべきです。

たとえば、商品の瑕疵を調査するのに一定の時間を確保することは、事実関係をはっきりさせるというだけでなく、こちらの「地固め」にもつながります。

カーの事例

「購入したばかりの冷蔵庫が水漏れして、フローリングの床が変色した」

家電メーカーのサービスセンターに、中年男性からクレーム電話が入った。怒気を含んだ声は迫力満点。電話に出た担当者が事実関係を確認しようとすると、男性はいっそう声を荒げてまくし立てた。

「なにをごちゃごちゃ言ってるんだ！　冷蔵庫の中のものが腐っていくじゃないか！　すぐに交換しろ！　床もびしょびしょだ。床の修繕費を支払え！　カミさんはいま妊娠してるんだ。修繕が遅れて滑って転んだら責任をとってくれるのか？　それにオレの休業補償をしろ。今日、会社を休んだんだからな」


このケースでは、男性の要求があまりに多岐にわたるため、事実確認と並行して、対応策を検討しなければなりませんでした。

当日、担当者がお詫びの訪問をした後、現場写真を撮影し、鑑定に１週間程度を要することを伝えました。最終的に、冷蔵庫の無料修理と床の補修費を支払いましたが、それ以上の補償は免れました。

15

脅し文句で責め立てられたら？

究極の ギブアップトーク 「K言葉」を活用せよ

ネットモンスターには「K言葉」で対抗する

ギブアップトークとして、覚えておくと便利なフレーズが「K言葉」です。

K言葉とは、**「困りましたね」「苦しいです」「怖いです」**というフレーズです。

クレーマーの理不尽な要求に対して回答するのではなく、**「私ではどうしようもない」とお手上げの状態を演出する**のです。

たとえば、最近、「ネットに流すぞ！」というクレーマーが増えています。ひと昔前は「マスコミに言うぞ！」「ビラをまくぞ！」がクレーマーの常套句でしたが、今は、このフレーズのほうが脅威です。

とりわけSNSは、企業や店舗にとって、自社商品の広告宣伝に欠かせないツールになりました。ホームページやブログのほか、ツイッターやLINE、フェイスブック、さらにインスタグラムと、顧客との接点がどんどん増えています。

しかし、SNSは、ビジネスチャンスを広げると同時に、クレームの温床にもなっています。相手から「ネットで……SNSで……」と脅し文句を浴びせられれば、つい「やめてください！」と口走ってしまうかもしれません。

しかし、これは禁句です。その時点で、クレーマーと担当者のパワーバランスが完全に崩れてしまうからです。

「ネットに流すぞ」「SNSで拡散するぞ」「ツイッターに投稿するぞ」などと言われても、**「困りましたね。でも、私どもがとやかく言える立場ではありませんから……」**と、K言葉で相手の言葉を引き取ればいいのです。

食品メーカーの事例

食品メーカーの営業担当者が、クレーマーの自宅を訪問したときのこと。

「これ、異物混入事件だろ。なめとんのか！」

中年男性は開口一番、声を張り上げた。身なりはごく普通で、車庫には高級車が駐車してある。いわゆる「ブラッククレーマー」ではない。

この1週間前、男性は、食品メーカーに「ヨーグルトにゴミが入っていた」と電話をかけてきていた。応対した窓口のオペレーターは、いつもの手順でお詫びと事実確認をした。とくに失言があったわけではないが、途中から男性はしだいに興奮し始め、最後は一方的に電話を切ってしまった。

当時、ほかの食品メーカーでも異物混入が発覚し、マスコミでも大々的に取り上げられていた。男性は少なからず、その影響を受けているようだった。

男性は、担当者を玄関口に立たせたまま、文句を言い続けた。

「オレが電話をしたのは、いつのことだ？ 今日か？ 昨日か？ 違うだろ！ もう1週間も経っているんだぞ！ どうして、すぐに来なかったんだ！」

担当者が釈明する。

「お客様が電話をお切りになったあと、まずはお電話をお待ちしたほうがいいと思いまして」

「じゃあ、いつ来るつもりだったんだ？ 異物混入だぞ。もし、体調が悪くなったらどうするんだ！」

「申し訳ありません。まずはアポイントを取ってから、おうかがいしようと思いまして。それで昨日、『今日の午後4時に来るように』とのご指示をいただきましたので、こうして参上いたしました」

担当者は口ごもりながらも、事情を説明しようとするが、男性の怒りはますます激しくなった。「お客の自宅に来るんだから、その直前に電話をしろよ。待ち伏せみたいな真似をするな。明日、出直してこい！」と怒鳴った。

とうとう担当者は黙り込んでしまった。男性はさらに追い打ちをかけた。

「ネットに流したほうが、オタクみたいな会社はまともに対応するんだろうな。会社の実名入りで書いてやろうか？」

男性は、必殺フレーズとして「ネットに流す」を繰り出したのです。担当者にしてみれば、胃が痛くなるほどのストレスを感じるはずですが、ここで脅し文句にひるんではいけません。「そんなことは、やめてください」と懇願すると、「それなら、どうしてくれるんだ？」と、要求をエスカレートさせかねません。

この事例では、ここで私に連絡が入ってきました。

営業所の担当者から、私の携帯電話に連絡が入った。「いま、お時間いいですか？　ちょっとご相談がありまして」と沈んだ声が聞こえてくる。

担当者は、それまでの経緯をかいつまんで説明し、私に応援を求めた。私はトラブル対応を最優先するため、担当者を同伴して男性宅を訪問した。男性は再び前回と同様の苦情を繰り返した。私はひととおり話を聞いたあと頭を下げた。

「今回の件につきましては、私どもの不手際でご迷惑をおかけいたしましたこと、誠に申し訳ございません。重ねてお詫び申し上げます」

しかし、男性は憮然とした表情のまま、返事もしない。クレームの発生からかなりの時間が経過し、振り上げた拳の下ろし方がわからなくなっていたのかもしれない。そして、玄関先でタバコをふかしながら、こう言い放った。

「そば屋の出前じゃあるまいし、もう少しまともなことを言ったらどうだ！ネットに流すぞ！」

同行した担当者は青ざめた。そこで私がこう切り返した。

「ネットですか。困りましたね。でも、お客様の行動に対して、私がとやかく言える立場ではありませんから」

男性は一瞬、「アレ？」という表情を見せた。

その後、男性の興奮は徐々に鎮まっていった。


このように、K言葉で「暖簾に腕押し」「糠に釘」の状態にもっていけば、クレーマーは「手詰まり感」を覚えます。

「消費者団体に通報するぞ！」「保健所にかけ込むぞ！」「消費者庁に告発するぞ！」などと言われた場合も、「困りましたね、でも……」とK言葉で応じます。

そのうえで、**「当局からの指導があれば、その指示に従うことになります」**と明言すればいいのです。

「困りましたね」がK言葉の基本ですが、「苦しいです」「怖いです」も同様に使うことができます。たとえば、「どうするんだ?」と、じわじわ迫られたら**「そのように責められると、苦しいです。どうしていいかわかりません」**などと応じます。

「ふざけんな!」と大声で怒鳴られたら、**「大きな声で怒鳴ることはやめてください。私、怖くてこれ以上、対応できません」**と応じればいいのです。

おうむ返しで「やりすぎた感」を持たせる

「相手の土俵に上がらない」という意味では、相手の意見に同意も反論もせず、「おうむ返し」するのも効果的です。相手の訴えが嘘ではないかと疑問を感じたり、恐怖を感じたりしたときに、一度試してみてください。

たとえば、「痛くて痛くて、夜も眠れん」とおおげさに体調不良を訴えるクレーマーに対しては、**「痛くて痛くて、夜も眠れないんですね」**と応えるのです。**絶対に「本当ですか?」と言ってはいけません。**

また、「死ね」などと恫喝されたら、「死ね、ですか……」とおうむ返しをして、**「怖いです」**とK言葉につなぐといいでしょう。

さらに恫喝が続くようならば、**「地元の警察(○○署)に相談します」「弁護士と協**

議します」と伝えます。すると、次の事例のように、クレーマーはたいてい、それ以上追及してこなくなります。

衣料販売会社の事例

中年男性が、衣料販売会社のコールセンターにクレーム電話をかけてきた。その迫力に恐れをなしたオペレーターに代わって私が対応したが、男性は私の説明にも、まったく耳を貸さない。

「商品の交換？　クーポン券？　そっちが決めるもんちゃう！　どないすんねんボケ、許さんぞ。頭おかしいんか！　何わけのわからんこと言うてんねん！」

私は、これ以上の話し合いは不可能と判断し、モードチェンジした。

「こんなに怒鳴られると対応できませんので、電話を切らせていただきます」

「やかましいわ、ボケ。なめた態度しやがって、半殺しやぞ」

「半殺し、ですか。怖いですね。警察に相談に行ってきます」

男性は「なめとんな、アホんだら」と言い放って電話を切った。

ところが、しばらくして再び電話がかかってきた。

「オレ、口悪いけど、そんな悪い男とちゃうから。半殺しいうても、殺さんだけマシやろ」と、妙な理屈でその場を取り繕おうとした。

16

無理難題を突きつけられたら？

法律を武器に「断り」と「警告」ではねのける

誠意を見せろ！
慰謝料を支払え！
土下座しろ！クビにしろ！

無理な要求をやわらかく突き返す「断りの3段話法」

クレーマーが怒りにまかせて罵詈雑言《ばりぞうごん》を繰り返すだけなら、「ギブアップトーク」で沈静化することがほとんどです。

しかし、それでもなお、無理難題を突きつけてくるクレーマーもいます。このレベルになると、確信犯的で、社会通念から完全に逸脱したブラックゾーンに近いクレームも増えてきます。

たとえば、**「誠意を見せろ!」**という脅し文句の背後には、金品や特別待遇の要求が見え隠れしています。**「慰謝料を支払え!」「迷惑料を払え」**という言い方になる場合もあります。また、**「土下座しろ」「クビにしろ」**など無茶苦茶なことを言い出すクレーマーもいます。

ステップ❶……**「すみません」**

丁寧な口調で拒否の意思を伝えます。

ステップ❷……**「恐れ入りますが、……できません(できかねます)」**

クッション言葉を添えて、はっきり断ります。

ステップ❸……「**無理です（できません）**」

断定的に拒否します。

この3つのステップでクレーマーの要求を押し戻すのです。

メーカーとスーパーが連携したの事例

大手スーパーで販売されていたベビーフードがもとで、乳児がアレルギー症状を起こし、救急搬送されるという事故が起きた。

ベビーフードを購入した母親は、製品の成分表示に不備があるとしてメーカーの責任を追及するとともに、陳列方法にも問題があったとして、スーパーに対してもクレームをつけた。

「ベビーフードを食べてから30分ぐらいしたら、全身が腫れ上がって呼吸も困難になった。いま入院中だけど、これまでにかかった治療費を払ってほしい」

事実確認をすると、たしかに乳児は急激なアレルギー反応を起こしていた。しかしその一方で、母親が製品表示をよく確かめてから買ったわけではなかった。

製品の裏面にはきちんと成分が表示されており、念のために「乳幼児向け商品ではない」ことも記載されていた。食品衛生法上、何も問題はなかったのである。

　また、スーパーの陳列についても、消費者を混乱させるようなＰＯＰ広告などは見当たらず、問題なしと結論づけられた。そこで、メーカーとスーパーは共同で対応方針をまとめ、母親と面談した。

　ところが、母親は、会社側の説明には一切、耳を傾けない。

「こんな書き方をしていたら、誰だって間違うでしょ。それに、この商品が置いてあったのは、ベビーフードのすぐ近くだった」の一点張りである。

　会社側は、お見舞いを兼ねた訪問を重ねたが、かえって母親の態度は硬化していった。

「誠意を見せてちょうだい！　慰謝料もほしいわ」

　これを受けて、会社側はこう告げざるをえなかった。

「製品表示や販売方法について瑕疵がなく、誠に恐縮ですが、費用の負担はいたしかねます」

　その後も母親は費用負担を要求したが、そのつど「お気の毒ですが、総合的な判断によって、ご要望にはお応えできないという結論に至りました」と答えた。


思い入れが強いクレーマーほど、「どうしてできないんだ？」と詰め寄ってくることが多いものです。

そうした場合、私は**「総合的判断によって」「社会通念上」**といった言葉を使いながら断りの意志を示すことがあります。一般に、こうした言葉は「上から目線」をお客様に感じさせるため禁句だとされますが、クレーマーの悪意がはっきり見えてきたら、もうその時点で「お客様扱い」をする必要はないのです。

裁判を見越した「警告の5ステップ」

また、しつこいクレーマーを退けるには、段階的に「警告」をしなければならないこともあります。

たとえば、クレーマーが交渉のために会社にやってきて、同じことを何度も繰り返して、何時間も粘って帰ろうとしなかったとしましょう。もし相手に帰る気配がなくても、「交渉」を前提にしている以上、強制的に退去させることは困難です。

その場合は、**「これ以上、お話しすることはありません。業務に支障が出ますので、お引き取りください」**と告げます。つまり、長時間束縛されていることについて、「迷惑しているので帰ってください」と明確に伝える必要があるのです。

それでも、まだ相手が居座るようなら、こう言ってプレッシャーをかけます。

「お帰りにならないのであれば、警察に通報します」

万一、それでも居座り続けたら、実際に110番通報します。

こうした、少々面倒な手順を踏む必要がある理由は、クレームが裁判にまで発展したとき、

「なぜ、はじめに注意するなり、管理措置をとらなかったのか？」

「放置することで悪質性を際立たせ、犯罪者に仕立て上げているのではないか？」

と問い詰められないようにするためでもあります。

弁護士は**「帰れ3回、不退去罪」**という言い回しをします。これは「帰ってくれ」と明確に3回告げているにもかかわらず、相手が居座り続けた場合に「不退去」の要件を満たす、ということを示しています。

クレームの現場においては、次の5つのステップを踏めば間違いはありません。

①**「これ以上は対応できません」**
↓
②**「業務の支障になります」**
↓
③**「お引き取りください」**
↓
④**「警察に通報します」**
↓
⑤**「警察に通報しました」**

訪問先で何時間も缶詰め状態にされた場合も、「すぐに結論は出せませんので、今日は帰してほしい」と、勇気を持って伝えなければなりません。もし、相手が強引に引き止めたり、拘束したりすれば、これは違法行為（強要罪）とみなされます。

■行き過ぎた謝罪は自分の身を滅ぼす

「土下座しろ」「クビにしろ」も、明らかに行き過ぎた要求です。クレーマーは相手に非を認めさせ、怒りをぶちまけて溜飲を下げようとしているわけですが、**土下座や解雇の強要は違法行為（強要罪）**です。仮にこちらに落ち度があったとしても、担当者が土下座したり、従業員を解雇したりする義務はありません。

そもそも、土下座を「誠実な態度」と考えるのは間違いです。かつて、不祥事を起こした企業のトップが、謝罪会見の場で土下座したことが話題になりましたが、この光景を見て、企業の姿勢を評価する声はほとんど聞かれませんでした。土下座したからといって、誠実さが伝わる時代ではありません。

クレーム対応で役立つ法律知識

① 不退去罪（刑法第130条）

正当な理由がないのに、人の住居若しくは人の看守する邸宅、建造物若しくは艦船に侵入し、又は要求を受けたにもかかわらずこれらの場所から退去しなかった者は、3年以下の懲役又は10万円以下の罰金に処する。

(例)「お引き取りください」と伝えているにもかかわらず、オフィスや店舗に延々と居座り続ける。

② 威力業務妨害罪（刑法第233条）

虚偽の風説を流布し、又は偽計を用いて、人の信用を毀損し、又はその業務を妨害した者は、3年以下の懲役又は50万円以下の罰金に処する。

(例) オフィスや店舗で大声を上げて騒いだり、机などをたたいて威嚇したりして、業務を妨げる。

③ 強要罪（刑法第223条）

生命、身体、自由、名誉若しくは財産に対し害を加える旨を告知して脅迫し、又は暴行を用いて、人に義務のないことを行わせ、又は権利の行使を妨害した者は、3年以下の懲役に処する（親族に対する強要も同罪）。

(例)「土下座しろ！」「クビにしろ！」などと強要したり、無理やり謝罪文を書かせたりする。また、訪問先で「帰りたい」と伝えているにもかかわらず、辞去を許さない。

④ 脅迫罪（刑法第222条）

生命、身体、自由、名誉又は財産に対し害を加える旨を告知して人を脅迫した者は、2年以下の懲役又は30万円以下の罰金に処する（親族に対する脅迫も同罪）。

(例)「ぶっ殺すぞ！」「オレを怒らせると、なにをするかわからんぞ！」などと脅し文句を並べる。

⑤ 恐喝罪（刑法第249条）

人を恐喝して財物を交付させた者は、10年以下の懲役に処する。（財産上不法の利益を得、又は他人にこれを得させた者も同罪）

(例)「慰謝料○万円払え！」「迷惑料を支払ってもらうからな！」などと金品を要求する。

また、従業員の接遇態度にクレームがつけられたからといって、その従業員の仕事や身分を奪うことは許されません。

従業員の接客態度に対するクレームなら、**「従業員の教育を徹底するとともに、その者の処分は当社の規定に則って行います」**と伝えます。

土下座や解雇の要求に対しては、**「人権上の観点から、そのようなことはできません」**と、人としての尊厳や基本的人権を脅かす行為であることを示唆します。

前述の「おうむ返し」を併用すると、いっそう効果的です。

「お客様は土下座しろ（クビにしろ）と、おっしゃるのですね。それは強要罪に当たりますので、私どもとしても看過できません」

こう、きっぱり言い切るのです。

3章

話の通じない相手を撃退する最終手段は「放置」

17

どうすれば不可解な申立てを断ち切れるか？

しつこいクレーマーは「断固放置」していい

やるべきことをやったら、あとは「放置」しかない

これまで述べてきたように、モンスタークレーマーを撃退する方法は極めてシンプルです。過剰要求に対してギブアップして、不当要求はきっぱり断ればいい。この一本道をまっすぐに進めば、確実に終わりがきます。

そして、最後のステージが「放置」です。組織として打つべき手をすべて打ったら、あとは**クレームが収束するまでアクションを起こさず、相手が諦めて引き下がるのを待てばいい**のです。

この「踏ん切り」がなかなかつかない人が非常に多いのですが、放置してもいいとわかれば、クレーム対応はぐっとラクになるはずです。

たとえば、自社商品に欠陥などがあって、「3倍返し」で誠意をもって謝罪したとしましょう。しかし、相手はそれで納得せず、「詫び状を出せ」「迷惑料を払え」などと要求をエスカレートさせてくることもあるでしょう。

そんなときは「**恐れ入りますが、ご要望にはお応えできません**」と回答して、あとは何も取り合わないようにします。

「ギブアップ」しても妥協できなければ放置

「放置」は、ほとんどあらゆる場面のクレーム対応に活用できる最終手段です。たとえば、常識では考えられないような独特の感性で苦情を訴える「天然クレーマー」に担当者が頭を抱えることもありますが、最終的には「放置」で終結させることがほとんどです。たとえば、過去にこんなことがありました。

大衆食堂の事例

午後1時過ぎ、大衆食堂の店内で、ハエを見つけて大騒ぎする男性がいた。

「ハエが飛んでいる！　早く、なんとかしてくれ。気持ちが悪い！」

たしかに、2匹の小さなハエが、男性のテーブルから10メートルほど離れた壁に止まっていた。男性は「ハエは飛びながらでも卵を産み落とす」と主張する。

「飛びながら卵を産むなんて、そんなことあるんですか？」

店員が思わず尋ねると、鋭い目つきでにらみつけた。

「君は本当にそう言い切れるのか？　飛翔しながら産卵する種類もいるんだ！」

と怒鳴った。

男性の主張は、学術的には間違っていませんでした。

とはいえ、店側としては、どのような対応をすればいいのでしょうか？

「ほかにお客がいるのに殺虫剤をまくわけにはいかない」と説明したうえで、料理をつくり直すか、代金をいただかないというのが妥当な対応でしょう。

つまり、「ギブアップ」して妥協点を見出すことができなければ、**あとは放置するしかない**わけです。

「謝って済む問題」にできなければ放置

ペットブームを反映して、ペットフードへの異物混入や成分表示に関する問い合わせや苦情が急増している中で、こんなクレームも登場しています。

建設会社の事例

「ウチの子が体調を崩したらどうするのよ！」

建設会社に年配の女性から電話が入った。すごい剣幕である。

「私は○○町、△△番地に住んでいる者ですけどね、やかましくてウチの子が眠れないのよ！　中止してちょうだい」

建設会社は、近くで廃屋の解体作業をしていた。その騒音に対するクレームである。ただ、土日祝日と夜間の作業は、近隣住民の迷惑を考えて作業を控えていた。にもかかわらず、強硬なクレームがつけられたのである。

「ご迷惑をおかけして申し訳ございません。先日、弊社の者がご挨拶にうかがったはずですが、もうすぐ作業を終えますので、今しばらくご辛抱いただけないでしょうか？　お孫さんでいらっしゃいますか？　お加減はいかがでしょうか？」

担当者がこう釈明すると、女性は不機嫌そうに言った。

「子猫のチイちゃんよ。チイちゃんがかわいそう！」


こうした各人の「感性」に由来するクレームは、多岐にわたります。「カタログを見て購入した商品がイメージと違っている」とか、「従業員の接客態度が気に入らない」など、数え上げたらきりがありません。

こうしたケースでは、「クレームの実態」から「こちらの責任」の範囲を明確にすることは極めて困難です。対応には苦慮しますが、「感性」が原因になっている場合は、丁寧にお詫びするしかありません。**相手の感性を否定したり、論争したりすることは**

絶対にNGです。

ただし、相手に寄り添い過ぎるのは禁物です。相手が納得しなければ、基本に立ち返ってギブアップトークで応じます。つまり、**「謝って済む問題」に持ち込めない段階で、放置を検討する**ことになります。

もうひとつ、常識では計れないクレームを紹介します。

食品メーカーの事例

ある日、なんの前触れもなく、腐りかけた食品（自社商品）がメーカーに着払いで送りつけられてきた。同梱されていた手紙には、こう書かれていた。

「これまで長きにわたって、貴社の製品を愛用している者です。ところが、政府の不見識な市場開放政策によって、薬害に侵された商品が巷に出回っています。我々消費者は、そうした商品の数々を知らず知らずのうちに買わされています。

残念ながら、貴社の商品にもその影響が出始めているようです。貴社のヒット商品である○○も例外ではありません。

今回、お送りしたのは、その残骸です。私自身が食してみて、思わず吐き出してしまいました。どうぞ、創業の原点に立ち返り、良質な商品の製造・販売を行ってください。誠実なご対応をお願いいたします。善処していただければ、引き続き、貴社の製品を購入したいと考えております」

「前略」で始まるきちんとした文章でしたが、何が目的なのかがよくわかりません。どこか、異様な雰囲気が漂っているのを感じるのではないでしょうか。

額面通りに受け取れば、業務改善への期待ということになりますが、どのように善処すればいいのか、具体性に欠けており、対処に迷います。

メーカーとしては、製品を賞味していただけなかったことのお詫びとともに、消費期限切れの検体では調査・検査ができないことや、製造工程でとくに異常は見つからなかったことを書面にして返送しました。

それは受け取りを拒否されて送り返されてきましたが、その後は、静観するほかありません。以降、連絡はありませんでした。つまり、この場合も、「放置」したのです。

「事実」に目を向け、安易に相手の要求に応じない

一見「普通の人」が、思いもよらない理由で、過剰な要求を突きつけてくることがあります。

食品メーカーの事例

食品に異物が混入しており、自主回収に至ったケースである。

大企業の情報管理部門に勤める50代の男性からクレーム電話が入った。

「オタクの商品が自主回収になっているようだが、どうするつもりだ？」

電話に出た担当者は、お詫びするとともに、社内規定に沿って回収・返金で対応していることを伝えた。すると、気難しい声で男性は言った。

「それだけ？　ちょっと納得できないな。返金してもらうのは当然だけど、きちんと契約書にしてもらえないかな」

数百円の商品代金と200円足らずの郵送代の受け渡しにあたって、契約書を交わしたいという申し出である。担当者は困惑したものの、「上の者と協議いたします」と伝えて、いったん電話を切った。

後でわかったことだが、男性は部下をともなって休日出勤した日、この食品を購入し、部下にふるまっていた。そのときに一緒だった部下のひとりから、「課長、あのスナックにヘンなものが入っていました。自主回収だそうです」と耳打ちされ、受話器をとった。

つまり、上司としての面子をつぶされことが我慢ならなかったのだ。

また、担当者の木で鼻をくくったような話し方にもカチンときたようだった。担当者は折り返し電話をかけたが、「契約書は?」の一点張りだった。担当者は、男性の頑な態度に根を上げてしまった。

当然、この返金手続きは、わざわざ契約書を交わすほどのものではありません。

このケースでは遠路はるばる男性の職場まで足を運んで「弁護士とも協議いたしましたが、契約書にはなじまない案件だと考えております」と、じかに会って説明したところ、それで溜飲を下げたのか、とくに反論もありませんでした。

結果的に、訪問謝罪が「ガス抜き」になったわけで、放置とは言えないのではないかと思われるかもしれません。

しかし、忘れてほしくないのは、相手の立場を慮って契約書を交わすことはしなかった、ということです。相手の要求そのものは「放置」しているわけです。

このように、こちらの落ち度とは別の理由でクレームが肥大化することもあります。相手の個人的な事情や感情につき合っていては、身も心も疲弊するばかりです。

難渋クレームのレベルに入ったら、いたずらに相手の心情に寄り添うのではなく、**「事実」に目を向けて対応し、安易に相手の要求に応じない**ことが大切です。

ネットモンスターは「放置」がベスト

「ネットにあることないことを書き込まれ、SNSで拡散されたらどうするの？」

そんな不安を抱く人も多いでしょう。たしかに、「拡散」の恐怖とダメージは計りしれません。情報の信憑性に疑問をもっても、「おもしろい」という理由だけでリツイートする人は大勢いますから、「ネット炎上」が起きる可能性があります。

しかし、その挑発に乗ってしまうと、相手の思うツボです。メールで論争しようものなら、その一言一句がネット上に公開されることもあります。

加工食品メーカーの事例

「食品偽装が疑われる」というメールが、加工食品メーカーに届いた。担当者はさっそくメールを返信し、すみやかに調査・報告することを伝えた。

1週間後、社内調査で偽装の事実はないことが判明した。そこで、その調査結果をメールで報告した。ところが、メールの主は納得しなかった。

「社内調査では、なんとでも言えますよね。外部機関に調査を依頼して、詳細な報告書を送ってください」というメールを送りつけてきた。

担当者は再度、次のようなメールを返信した。

「社内調査ではありますが、厳正中立な立場で弊社の中央研究所が調査を行いました。したがいまして、あらためて外部機関に調査を依頼することは控えたいと考えております。なにとぞ、ご理解のほど宜しくお願い申し上げます」

しばらく、メールの主から音沙汰がなく、担当者は一件落着したと安堵した。

ところが、3通目のメールが届いた。文面が暴力的になっていた。

「いいかげんなことを言っていると、さらすぞ！」

「さらす」とは、ネットに公開するという意味である。

担当者の頭には「ネット炎上」という言葉が浮かんだ。

このようなケースには、どう対応すればいいのでしょうか？

じつは、ネットでの拡散や炎上に過敏にならず、対面や電話での対応と同様に「放置」するのが原則です。

組織が一丸となって「NO」を伝えた後は、放置すればいいのです。

ネットモンスターを放置することは、「風評が流れるリスク」を抱えるというデメリットよりも、メリットのほうが大きいと考えられます。

なぜなら、組織として「ネットモンスターを放置する」という方針を明確にすれば、それだけでクレーム担当者のストレスは大幅に軽減されるからです。担当者は「ネットにクレーム情報を流されたらどうしよう」という不安から解放されるのです。

大企業では、ネット監視システムなどを導入して、ネットパトロールを行っているところもあるでしょう。しかし、こうしたシステムの導入には、費用と手間がかかります。限られた資金と人材でやりくりしなければならない中小企業にとっては、大きな負担となります。

そもそも、ネット炎上は、たいてい数日、長くても1か月程度で収束するのが一般的で、何か月も何年も炎上し続けることは、まずありません。

そう考えれば、「放置」することに軸足を置いたほうが、現実的な選択だと言えることがわかるでしょう。

18

プロクレーマーの会話術に対抗するには？

相手の沈黙には “沈黙” で応える

プロクレーマーが仕掛ける巧妙なワナ

こちらが「放置」で対処しようとしても、すんなりとはいかないケースもあります。そんなときの対処法を、いくつかお伝えします。

百戦錬磨の大衆クレーマーは、反社会的勢力のプロクレーマーに負けず劣らずの手段を取ることがあります。

いきなり大声を上げたり、テーブルを叩いたりして相手をパニックに陥れ、自分のシナリオ通りにコトを運ぼうとするのです。相手が冷静さを失えば、たとえ5％の正当性でも、100％にも、200％にもできるという経験があるのです。

そこで、老獪《ろうかい》なクレーマーの必殺技を紹介しておきましょう。あらかじめ彼らの手口を知っておけば、ダメージを最小限に食い止めることができます。

まず、気をつけるべきは**「ちょっと待て！」**というフレーズです。これは、じつは**暴言よりも警戒したい言葉**です。

たとえば、領収書の宛名が間違っていたり、案内する順番が後先になったりするなど、小さなミスが発覚すると、悪質クレーマーは怒鳴り声を上げる前に「ちょっと待って！」と、小声で、しかし少しきつい口調で言い放ちます。

じつは、このひと言が「怒声」の威力を倍増させます。狙いを定めた相手が日常業務をこなしているとき、いきなり大きな声を上げても、その迫力が十分伝わらないことがあります。そこで「ちょっと待て！」という呼びかけで相手に注目させ、怒鳴り声のダメージをより大きくしようという狙いがあるのです。必殺の右ストレートの前に繰り出す、左ジャブのようなものです。

ここで注意してほしいのは、「ちょっと」という呼びかけが、特定の誰かに向けられたものではないことです。「ちょっと」のひと声に、まわりにいる人すべてが反応し、自分に対して呼びかけられたのではないかと錯覚します。そして「えっ、何か？」と声の主を探し始めたタイミングに合わせて、クレーマーは怒鳴り声を発します。つまり、**周囲を巻き込むことで、パニックを拡散させようとする**のです。

もちろん、標的になった人も「ちょっと待て！」の声に振り向いたり、顔を上げたりするでしょう。そして、「何を言われるのだろうか？」と、次の言葉を待ち構えていると、そこに突然の怒声が響きます。その瞬間、「早く逃げ出したい」という恐怖心とともに、「これ以上こじれると、皆に迷惑がかかる」という焦りが生まれます。

ここで**業務知識や接遇テクニックを総動員して、説得しようとしてはいけません。**クレーマーはこちらの言葉尻をとらえて、難癖をつけてくるからです。

クレーマーはその気になれば、どんなことにもイチャモンをつけることができます。こちらが目を伏せていれば、「目を見て話せ!」と凄み、相手の目を見て話せば、「その目は何だ!」と威圧します。

こうしたときの対応法は、まず「ワナを仕掛けてきたな」と意識して、覚悟を決めることです。そのうえで、「相棒」と一緒に冷静に対応すればよいのです。

5秒の沈黙には10秒の沈黙で切り返す

老獪なクレーマーは、怒声だけでなく「沈黙」も巧みにあやつります。担当者に「どう責任をとってくれるんだ!」と、鋭い口調で威嚇し、こちらが「そのようにおっしゃられても、私ひとりでは判断できません」とギブアップトークで切り返しても、「だから、どうするつもりなんだ!」と手を緩めません。

問題はここからです。クレーマーは一瞬、口をつぐみます。これは、相手を不安に陥れるためです。もし、電話だったら、この沈黙はいっそう不気味に感じさせる効果があります。そして、約5秒間の沈黙の後、ドスのきいた声でこう責め立てます。

「結論はどうなんだ！　はっきりしろ！」

なんとか踏ん張っていた担当者も、ここで完全に浮き足立ってしまうのです。

医療関連機器メーカーの事例

前職が大企業のカスタマーサービス部の部長という、非常に手強いクレーマー（60代男性）がいた。彼の標的にされたのは、医療関連機器メーカー。ある日、同社のお客様相談室にフリーダイヤルで電話がかかってきた。

「オタクの健康機器に不具合がある。どうしてくれる？」

オペレーターは、お詫びをして商品情報を聞き、現物の確認のために訪問するか、返送してもらうことを願い出た。すると、男性は「返送？　そんな選択肢はあり得ない。ここに取りにきて、謝罪するのが筋だろう」と一喝した。

「企業の姿勢として、クレームが入ったら、なにを差し置いても対応しなければならないはずだ。いまから5分以内に、担当者から折り返し電話がほしい」と言い放ち、一方的に電話を切ってしまった。

担当者は30分後、男性に電話をかけた。折り返し電話が遅れたことをお詫びすると、男性はオペレーターの対応の悪さや社員教育について説教を始めた。

「一次受付の対応が悪いな。ワタシの健康への気遣いがまったくない。だいたい、教育システムはどうなっているんだ？」などと延々30分に及んだ。

「健康機器の不具合は、おおげさにいえば、命にも関わる大問題だ。担当役員を同伴して、すぐに来なさい」

これを聞いた担当者は、さすがに即答できなかった。

「申し訳ございませんが、役員と同伴で今すぐというわけにはまいりません」

「それなら、どうするつもりなんだ！」

担当者は口をモゴモゴするが、男性はひと言も発しない。担当者の緊張はますます高まった。そして次の瞬間、「はっきりしろ！」と怒声を浴びせられた。


クレーマーが仕掛けた「沈黙」には、どう対処すればいいのでしょうか？

それは、こちらも沈黙で応じることです。相手が急に押し黙ったら、こちらも沈黙するのです。そして、相手が沈黙を破るのを待ちます。

相手が5秒間沈黙したら、こちらは10秒間黙るのです。最初は難しいかもしれませんが、徐々に慣れます。そして「オイ、聞いてるのか！」と言われたら、**「はい、聞いております」**と、即座に切り返します。すると、相手のほうが焦ってきて、脈絡のない話になっていくはずです。これで形勢は逆転するのです。

19

ネットにバラまかれそうになったら？

相手の行動を録音・録画して対抗する

録音したぞ！
録画したぞ！
写真を撮ったから覚悟しろ！
報告書を出せ！

とんでもない親子からのクレーム

「ネットに流すぞ」の脅し文句は、K言葉でかわすのが基本です（163ページ参照）。ただし、音声や画像、さらに動画も投稿できるスマホの普及が、クレーム担当者に大きな心理的脅威を与え、「放置」に二の足を踏む理由のひとつになっています。

食品系商社の事例

外国産食品を輸入する商社に異物混入のクレームが入った。70代の女性が「ドライフルーツを食べていたら、プラスチックのようなものが出てきた」と苦情を申し立てていという。

メーカーの担当者が女性宅を訪問すると、女性の長男が応対した。「写真を撮ったから覚悟してください。きちんと調べて、報告してください」

長男は、そう言ってスマホに収められた画像を担当者に見せた。担当者は顔をひきつらせながら、お詫びするとともに検体として製品を持ち帰った。

早速、分析機関で検査をすると、混入した異物は歯の詰め物（コンポジットレジン）が歯から脱落したものであることがわかった。

担当者は、自社の瑕疵でないことを確信し、その報告書を持って女性宅を再訪問した。

ところが、報告書を見た女性の口から出たのは、「私のものじゃない」という意外な言葉だった。長男も「作業員の歯を調べてくれ」と続けて言った。

担当者は当惑したが、この申し入れを断れなかった。風評が広まることを恐れたからだ。そこで、作業員全員を歯科に行かせることにした。

結局、作業員の歯ではなかったことがほぼ立証され、長男も納得して一件落着した。しかし、それまでに3か月余りと受診費用を含めて数十万円かかった。


大企業では、一時期に比べて、ネット被害の件数は減少傾向にあります。それは、企業側がネットモンスターへの対策を進めてきたからです。かつてのようにクレーマーとの会話の中で不用意な発言をして、それをネットで流されるという失態は少なくなりました。

ところがその一方で、生理的な嫌悪感を抱かせる画像や動画を目にすることが多くなっています。食品に混入した昆虫などは、その最たるものでしょう。

その真偽とは別に、イメージ先行で企業に大きな打撃を与える危険性は、以前にも増して大きくなっていると言わざるをえません。

電話を録音するこれだけのメリット

しかし、視点を変えれば、企業・団体がスマホ社会を味方につけることができます。

そもそも、「記録」はクレーム対応の基本です。正当な要求である場合も含めて、クレーム内容をできるだけ詳細に記録しておくことが大切です。電話でのクレームには**録音機能付き電話**で対応し、状況を時系列で文書にまとめておくといいでしょう。

クレームを記録すると、**「言った、言わない」の水掛け論になることを防いでくれる**だけでなく、肉声を録音することで、**クレーマーの「人となり」を知る手がかりが得られる**こともあります。

たとえば、会話の中で業界用語が頻出するようであれば、その業界に身を置いている（置いたことがある）と推察できます。録音データを聞き返すことで、こうしたクセが確認できるのです。

また、録音によって、相手に対しては脅迫めいた暴言を抑制する効果があります。同時に、自分自身も言葉を慎重に選ぶようになるため、クレーマーに言葉尻をとらえられるリスクが減ります。

なお、クレーマーとのやりとりを記録することは、警察に相談したり、緊急通報したりするときにも役立ちます。場合によっては、録音した音声を警察官に聞いてもらうこともできます。

クレーマーとのやりとりを録音することについては、個人情報保護法への抵触を心配するかもしれませんが、それには及びません。事前にひと言、**「大事なことですので、記録させていただきます」**と、断っておくといいでしょう。

自分の氏名も名乗らないような悪質なクレーマーに対しては、事前に録音の許可を求める必要もありません。堂々と、黙って録音すればいいのです。

■データは共有してこそ価値が出る

クレームの記録は、「報告書」「回答書」など、さまざまな形で文書化されるでしょう。こうした文書は、「報告書を出せ」と、相手から求められることもあります。

いったん文書にすると、それが「一人歩き」することを懸念するかもしれませんが、むしろこちら側の意思を明確にするという意味で、「意思表示」や「意思統一」のツールとしてとらえたほうがいいでしょう。つまり、足場を固めることができるのです。

謝罪文や詫び状などとは、区別して考えなければなりません。

クレームに関する記録は、組織内で情報共有してこそ価値があるものです。画像や映像についても同様です。店内には防犯カメラが設置され、タクシーやレンタカーにはドライブレコーダーが搭載されるようになりました。

これらに収められた映像は、暴力などの犯罪行為への抑止効果がありますが、モンスタークレーマーに対する抑止効果もあります。

最近は、無理難題を突きつけるクレーマーの姿をスマホで撮影する「野次馬」もいます。クレーマーがその様子を見て、その場から立ち去ることもあります。

2014年9月に**「コンビニ土下座事件」**と呼ばれる事件がありました。大阪府茨木市のコンビニで、店長らが男女4人の客に言いがかりをつけられ、タバコ6カートンを脅し取られたうえ、土下座をさせられた事件です。土下座シーンが動画サイトに投稿され、それがネット上で話題になったため警察が動き、犯人は検挙されました。

ところがこのとき、コンビニ店内に防犯カメラが設置されていたにもかかわらず、店舗側は警察に通報しませんでした。

こうした逃げ腰の姿勢を続けていると、クレーマーの標的にされてしまいます。

20

あの手、この手で攻撃を仕掛けられたら？

最強のクレーム対応は「積極的放置」

これで終わりにするつもりか？
B社は○○したぞ！
オレとオマエ、心と心の問題だ！

「積極的放置」でクレーマー包囲網を敷く

大衆モンスターのなかで、最も警戒しなければならないのが、善良な市民を装ったセミプロ級のクレーマーです。犯罪一歩手前の悪辣《あくらつ》な手口で、金品をかすめとろうとする輩です。

とくに、最近しばしば目にするのが、NPO法人を隠れ蓑にしたモンスタークレーマーです。表向きは、地域で奉仕活動をする模範的な市民ですが、一皮むけばとんでもない正体をあらわします。

製麺メーカーの事例

「乾麺に虫が入っていた」と、製麺工場に電話が入った。クレーム対応に慣れていない従業員は、あわてて本社に連絡した。

すぐに、お客様相談室の担当者が折り返し電話をかけると、「いま、そちらに向かっているから、1時間後には会えるよな」と言われた。しわがれた声だが、有無を言わさぬ強引さも感じられた。

本社近くの喫茶店で面会すると、70代と思しき白髪の老人が、名刺を差し出しながら、NPO法人の理事を名乗った。ところが、その口から出た言葉は驚くべきものだった。30分間ほど、政界人脈などを自慢げに話した後、こう切り出した。

「この乾麺、懇意にしているAチェーンの◯◯店から買ったんだよ。そこの店長は頭に血がのぼって、Aチェーン本部に連絡すると言っている。そうなると、全国の加盟店から回収しなくちゃならなくなるよな。私は事を荒立てたくはない。いま、店長は私がなだめているから、口止め料を支払ってくれないか？」

担当者は即座に、その申し出を断った。その日は、検体として製品を回収して終わった。

しかしその数日後、今度は担当者の直通回線に電話がかかってきた。

「御社が自主回収するとなると、いくらぐらいの損失になるかなぁ。オタク、いくらなら支払える？」と、話がどんどん具体的になっていく。虫の混入経路など、おかまいなしである。さすがに担当者も一計を案じて、Aチェーン本部や保健所、さらに◯◯店にも連絡し、それまでの経緯を説明した。

その後、製造過程で虫が混入した事実は確認されなかった。担当者は老人にその旨を伝えると、渋々承諾。その後、約1か月間、老人からの連絡はなかった。

これで終結した――。お客様相談室のメンバー全員がそう安堵した矢先、老人は直接、Aチェーン本部にクレームを持ち込んだ。Aチェーン本部では、すでに事情を把握していたものの、老人の不気味さに戦慄した。老人は「B社は○○したぞ」と脅迫めいたセリフも吐いた。

その後、お客様相談室のメンバーは、Aチェーン本部の担当者をともなって警察署へ相談に行ったり、○○店の店長を訪問するなどして、足場を固めていった。

一方、老人サイドも「隠蔽《いんぺい》工作」をマスコミにリークすると息巻いたり、自分の病弱ぶりをアピールしたり、硬軟織り交ぜて攻撃を仕掛けてきた。

この老人が、NPO法人の関係者であることは事実でした。経歴まではわかりませんでしたが、反社会的勢力である可能性もあります。

善良な市民だった人が、この老人と同じような企みを抱いたケースも知っています。たとえば、元小学校の教頭で自治会長も務めたことがある人物は、現役を引退後にNPO法人を設立し、災害支援活動を行っていましたが、いつのまにか恐喝まがいの行為に手を染めていました。

前述のケースは、メーカー、販売会社（本部）、小売店の3社に警察と保健所を加えた「クレーマー包囲網」を敷くことによって、収束させることができました。かなり手強い相手でしたが、刑事事件に発展することもなく、クレーム発生から約2か月後、「いい返事を待っている」という電話を最後に、連絡が途絶えました。

当初の面談を除けば、老人とのやりとりは主に電話でしたが、最終局面では警察の助言もあって、こちらからは一切、連絡しませんでした。

理不尽な要求を断った後、なにもアクションを起こさないで静観することが「消極的放置」だとすれば、**関連部門・機関と連携をとりながら、相手の動向を監視するのは「積極的放置」**といえるでしょう。このケースは、まさに積極的放置の実例です。

これこそ究極のクレーム対応と言っていいでしょう。

■「積極的放置」を成功させる3つのポイント

積極的放置を実行する際のポイントを整理しておきましょう。

最も重要なのは、**「足場を固める」**ことです。

具体的には、次のように3つの観点で考えます。

①社内の担当窓口を一本化する

海千山千のクレーマーは、標的のあちこちに連絡して、社内を混乱させようとします。たとえば、フリーダイヤルに電話をかけたり、お客様相談室の直通回線で担当者と連絡をとろうとしたりします。あるいは、営業部門や製造部門に連絡するケースもあります。そこで、社内のクレーム担当窓口を一本化して、必要に応じて他部署にサポートしてもらうようにします。

②取引先に連絡して意思統一を図る

メーカーと流通など、パートナーシップを結んでいる企業と強固なタッグを組むことが有効です。そのためには、しっかりした情報共有が欠かせません。

往々にして、両社の力関係に格差があると、弱い立場の企業が「ことなかれ主義」に走ってしまうことがあります。たとえば、量販店と継続的な取引を望むメーカーは、面倒を避けるためにクレーマーの要求を聞き入れてしまうというケースです。

一方、立場の強い企業が高飛車な態度をとると、弱い立場の企業は身動きがつかなくなり、結果的にクレーム対応が暗礁に乗り上げる恐れもあります。

③外部機関に相談して協力を仰ぐ

警察や弁護士、あるいは保健所、消費者センターなど関連機関には、深刻な事態に陥る前に状況報告をしておき、協力を仰ぐようにします。

監督官庁などに対しては、とかく腰が引ける傾向が見られますが、それではせっかくの味方を敵に回してしまうことになりかねません。


このほかの注意点としては、担当者が、クレーマーと個人的なつながりをもたないようにするということです。

「オレとオマエ、心と心の問題だ」「オマエの力量を見せろ」「丸く収めたい」は、彼らが好んで使うセリフです。組織を攻略するより、個人を籠絡《ろうらく》するほうが容易だからです。

「ちょっとつき合え。オレの面子を潰さないでくれ」などと言葉巧みに近寄ってくることもありますが、個人的な誘いは断らなければなりません。

また、担当者個人の携帯電話はもとより、場合によっては直通回線での通話も控えたほうがいいでしょう。

警察・弁護士の連携は「事前相談」が基本

警察・弁護士との連携は、足場を固めるのに不可欠です。「積極的放置」には至らない案件でも、いざというときに協力を仰ぐことがあります。

警察との連携では、まず「110番通報」が思い浮かぶでしょう。しかし、これは本来、暴力事件や交通事故を目撃したり、ひったくりの被害に遭ったりするなど、事件や事故の現場に居合わせたときの緊急通報です。

クレームについて相談したいときは、**警察相談専用電話「#9110」**が便利です。この番号にダイヤルすれば、クレームを含めた困りごとの相談に乗ってくれます。

このほかの相談窓口としては、各警察署の相談係があります。また、交番に連絡するという方法もあります。いざというときにあわてないよう、こうした**電話番号を職場に掲示しておくか、携帯電話に登録しておく**といいでしょう。

警察との連携で大切なのは、事前に相談するということです。警察からの具体的なアドバイスもありがたいのですが、それ以上に「警察に相談している」という事実をクレーマーに伝えることで、**「これ以上つきまとえば、事件になるぞ」と、プレッシャーをかけることができる**からです。

弁護士との連携も、警察と同様に事前相談を中心に考えます。「法的な手段も視野に入れている」ことを相手に伝え、プレッシャーをかけるのです。

言い換えれば、**こうした抑止力の下支えによって「放置」が可能になる**のです。

たとえば、こんな表現で最後通告をすればいいでしょう。

「今回のお申し入れについては、顧問弁護士とも協議し、警察にも相談いたしました。これ以上のお話ですと、しかるべき対応をとらざるをえないと考えております。ただ、それは本意ではございませんので、なにとぞご理解いただけないでしょうか」

なお、弁護士の協力を得るには、弁護士と顧問契約を結んだり、個別相談に出向いたりするのが一般的ですが、弁護士団体による無料相談や、日本司法支援センター(法テラス)などを利用することもできます。

文書による回答で完全撃退する

話し合いが堂々巡りになったり、クレーマーが「これで終わりにするつもりか?」などとくい下がってきたりしたら、「回答書」「通知書」「通告書」といった文書による意思表示が効果的です。

文面は事案に応じて変わりますが、意思表示である以上、丁寧な表現でありながらも、**きっぱり言い切る**ことが大切です。たとえば、文脈としてはこんな具合です。

「このたびはお客様に多大なご迷惑をおかけして、誠に申し訳ございません。心よりお詫び申し上げます。しかしながら、これ以上、社会通念を逸脱した要求をされるのであれば、甚だ遺憾ながら、これまでの記録をもとに法的手段をとる所存でございます。なお今後、貴殿からの申し出を口頭で受けることはできません」

こうした文書を**配達証明郵便**で送れば、確実です。また、通告書や一部の通知書で内容証明郵便を利用すると、心理的効果も大きくなります。

メールで回答（通知・通告）する場合も、文面が多少くだけた表現にはなるものの、基本は変わりません。ただし、次のような一文を加えておくといいでしょう。

「後日、正式な回答文書として郵送させていただきたいと思います。つきましては、個人情報の取り扱いには十分配慮し、厳重に管理いたしますので、○○様のご住所をお知らせいただければ幸いです」

ネットモンスターの多くは、自分の正体を隠し、表舞台に引きずり出されることを嫌う傾向があります。実際に住所・氏名を明かすかどうかはわかりませんが、多かれ少なかれ、プレッシャーを感じるでしょう。

こうした文書を作成するにあたっては、その内容を吟味しなければなりませんが、その作業を通して、自分たちが覚悟を決めることになります。これも、「足場を固める」ことにつながります。

相手と文書をかわすときには、もうひとつ覚えておいてほしいことがあります。それは、悪質なクレーマーに**言葉尻をとられないように細心の注意を払う**ことです。

たとえば、示談で解決する場合は「示談書」をかわしますが、その際には領収証を兼ねた示談書を作成します。そのうえで、但し書きに**「和解金として」と明記**します。「見舞金」といった曖昧な表現では、決着が先送りされ、2回目、3回目の見舞金を要求されかねないからです。

終　章

最先端の企業事例とクレームを未然に防ぐ行動習慣

21

クレーム新時代の組織改革とは？

「すごい情報共有法」とシルバー人材活用法

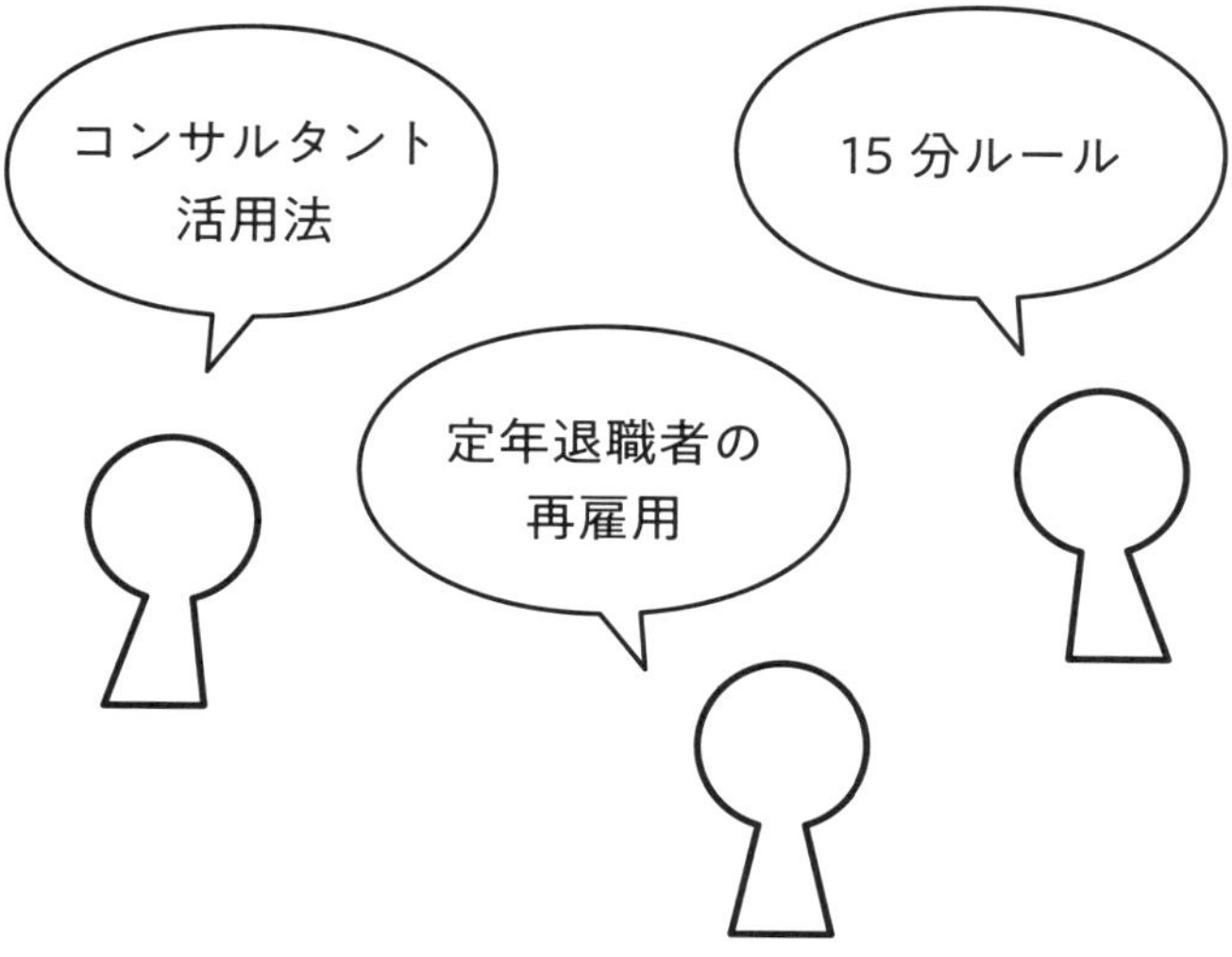

クレーマーをリピーターに変えた「カルビーお客様相談室」

多くの企業がモンスタークレーマーの対応に苦慮しているなか、先進的な取り組みを始めた企業もあらわれています。

その代表例が、大手菓子メーカーのカルビーでしょう。

カルビーでは、クレーム電話の内容を誰でも聞けるシステムが構築されました。お客様相談室のスタッフだけでなく、営業部員や工場長などにもクレーマーの「肉声」が届くのです。

また、全国7か所に「地域お客様相談室」が設置されました。従来は、お客様からのクレーム(ご指摘)を本社の窓口で受けた後、担当エリアの営業担当者が対応していましたが、主要7支店(北海道、東日本、東京、中部、近畿、中四国、九州)に専任の相談員を置いたのです。

現在、お客様からカルビーに寄せられる問い合わせは、クレームを含めてすべて本社のお客様相談室で一括して受け、その後、各地の地域お客様相談室に引き継がれるようになっています。

こうした体制を整えたうえで、本社から支店の地域お客様相談室への情報伝達は15

分以内に行うという**「15分ルール」**や、地域お客様相談室の相談員がお客様を訪問するときは2時間以内に行う**「2時間ルール」**、さらに、お客様から回収した商品の品質チェックを行い、2週間以内にお客様に報告書を提出するという**「14日ルール」**が定められています。

その結果、商品になんらかの不具合を感じたお客様の再購入率（「いままで通りに買う」「いままで以上に買う」という人の割合）は、以前の**82％から95％以上**に高まったそうです。

トップダウンによって現場の意識改革を進め、実績につなげたカルビーには敬意を表しますが、私が最も注目したのは、地域お客様相談室を設置し、**現場経験が豊富な営業マンなどを相談員として登用した**ことです。

相談員の人数は2～4名程度で、嘱託社員も含まれているようです（2017年12月末現在）。決して大所帯ではありませんが、クレームに対して迅速・柔軟に対応できるチームが編成されたことは、高く評価されるべきだと思います。

定年退職者の再雇用でクレーム激減！

すでに述べたように、クレーム対応においては、同僚との横のつながりやエスカレーション対応を支える縦のつながりが重要ですが、さらに、「古参社員」や「ＯＢ」とのつながりが功を奏する場合があります。

メーカーの事例

「室長も頑張っているし、私もお手伝いしますが、いまのままでは大きなトラブルが発生したとき、スムーズに対応できるか心配なんですよ」

顧問先であるメーカーでクレーム案件を１つ処理した後、営業部門の責任者やお客様相談室の室長と一献傾けながら、私は本音でこう話した。

この会社は、ヒット商品にも恵まれて業績は好調だったが、商品の瑕疵を問いただすクレーマーに悩まされていた。お客様相談室には、ひっきりなしに問い合わせや苦情の電話がかかってきていた。

「トラブルが起きたらサポートしますが、すぐにはかけつけることができない場合もあります。だから、今のうちに社内の体制を整えておいたほうがいい」

私が進言すると、営業責任者も同意した。

「そうですね。このままでは室長もつらいでしょう」

同社は全国規模で営業展開しているが、お客様相談室は室長以下、数名のスタッフで切り盛りしていた。各人は忙しく立ち働き、とりわけ実直な室長は、クレーム対応の責任を一身に背負っていた。

また、営業所の負担も大きかった。クレームが発生するたびに、営業所長をはじめとする社員がお客様を訪問してお詫びしたり、商品を回収したりしなければならない。クレーム対応のよし悪しで、営業所の成績も大きく左右される。

そこで検討されたのが、お客様相談室の専任スタッフを増強することだった。室長が対応しきれない部分をフォローしたり、お客様相談室と営業現場の橋渡し役を務めたりするのである。

「どんな人がいいんですか？ 若くて、これから育てる人がいいんですか？」

営業責任者が候補者のイメージを尋ねるので、私はこう答えた。

「いや、逆に室長より年配で、営業経験が豊富な人がいいでしょう。そのほうが打たれ強いし、声のトーンや見た目も貫禄があったほうがいい。肩書きは『相談役』でも何でも構わないでしょう。ただし、フットワークのいい人であることが大切です。実際に現場に行ける人でなければいけません。いま求められているのは、部門間の調整役ではありません。ここで人選を間違うと、身内のアラを探す嫌な管理者がひとり増えるだけになってしまいますよ。社員のモチベーションが高まるどころか、逆効果になりかねません」

こんなやりとりを経て、白羽の矢が立ったのは定年退職した元営業マン。現役時代は、現場でモンスタークレーマーと何度も遭遇している。さっそく、本人に「嘱託として再雇用したい」と伝えると、快く承諾してくれた。

そして数か月後……。前年、私が直接サポートした案件は何十件にものぼったが、年が明けると、ピタリと依頼がこなくなったのだ。

この古参社員がメンバーに加わったことで、お客様相談室の雰囲気はずいぶん変わったようです。クレーム対応の達人ではなくても、**矢面に立ってサポートしてくれる先輩が身近にいることで、室長を含めたメンバーに心の余裕が生まれた**のです。そのことが結果的に、冷静な対応につながったのでしょう。また、クレーム対応力における人材育成にも一役買っているはずです。

このように、**「先輩」とのつながり**は、高齢化社会が進む今後の組織づくりにおいて、1つのポイントになると言えるでしょう。

また、次のケースのように、クレーマーと担当者のジェネレーションギャップを埋める効果も期待できます。

健康食品メーカーの事例

ある健康食品メーカーのコールセンターでは、60代半ばで引退した男性社員が、75歳になって現場に復帰した。シルバーモンスターからのセクハラまがいのクレームに手を焼いていた若い女性オペレーターにとって、非常に頼りになる存在である。

電話を代わってもらえば、しつこいクレームもたいてい解決した。商品に関するクレームだけでなく、寂しい心情を吐露するシルバーモンスターに対しても、同世代の人間として共感を示しながら親身に耳を傾けることで、クレームが収束するばかりか、感謝されることもあった。

この職場は、頼りがいのあるＯＢが身近にいることで活気を取り戻している。驚くことに、引退後、長らく体調を崩していたその75歳の男性ＯＢも、見る見る元気になっていった。

今、人手不足が深刻化する一方で、シルバーモンスターが急増しています。しかし、この事例のように、**同じ高齢者だからこそ対応できるクレームもある**のです。

シルバー人材をクレーム対応のエキスパートに育てることが、有効なクレーム対策になる可能性は高いでしょう。

頼りになる「助っ人」の探し方

社外とのつながりという意味では、宅配業者グループが製品の回収を代行するサービスも一例として挙げることができるでしょう。

通常、企業はリコールや自主回収に際しては、お客様を訪問して製品を回収しなければなりません。ところが最近、チラシなどによる告知から、お客様からの電話受付、代替品の発送、製品の回収などまで、一連の回収作業を代行するサービスが注目されています。

このサービスを利用するメリットはいろいろ考えられますが、1つ挙げれば、回収するのが「当事者」ではないため、**玄関先でお客様からの誹謗を免れる**ということです。つまり、宅配業者という第三者にクッション役になってもらうことで、クレームの肥大化を回避するわけです。

もちろん、回収を実施するまでの対応では誠意を尽くさなければなりませんが、クレーム担当者の負担が軽減されることはたしかです。

また、外部からのサポートという点では、私のようなクレーム対応コンサルタントも、その一翼を担っていると自負しています。

そこで最後に、警察ＯＢのサポートについて述べておきましょう。

企業は、リスクマネジメントやクレーム対応のために、警察ＯＢを顧問にしたり、相談役にすえることがあります。また、病院では、多発する暴力事件に備えて「院内交番」を設ける場合もあります。

さまざまな事情で、警察ＯＢのサポートが検討されていますが、大切なのは「どのような人材が必要なのか？」をしっかり吟味して依頼することです。

一般的に、60歳の定年まで勤め上げた警察ＯＢが相談役として民間企業に再就職する場合、警察に顔がきくことから、暴力団絡みのトラブルや暴行、恐喝などの「事件」が起きたときには心強いでしょう。

ただ、事件にならないもめごとの段階で、気安く相談できるかどうかは、その人の人柄や考え方によると思います。厳格な警察ＯＢからは、「もっとしっかりしなさい！」と、お叱りを受けてしまう可能性もあります。

一方、私のような経歴の警察ＯＢは、クレームの相談を受けたからといって、県警本部や所轄の警察署で知り合いに声をかけるようなことはしませんが、その代わり、自分自身の経験を生かして現場の声にしっかりと耳を傾け、クレーム担当者が「迷路」に踏み込まないようにアドバイスすることを心がけています。

じつは、担当者自身、安易な方法（金品の提供や特別待遇など）では、根本的な解決にならないことを知っているのです。一時的にパニックになってしまったり、対応のしかたに95％の自信はあっても、残り５％に不安が残っているようなときに、私の携帯電話が鳴ることは多いものです。

どのようなときに、どんな人にいて欲しいのかを考えて、外部の助っ人に依頼するようにしましょう。

22

ストレス耐性を高める行動習慣とは？

「挨拶力」で クレームを未然に防ぐ

挨拶1つで回避できるクレームがある

挨拶が「顧客満足」につながることは広く知られていますが、**「危機管理」の観点**からも重要であることは、あまり理解されていません。

「声がけ」が防犯に役立つことは、警察官や警備関係者、保安員の間での常識です。万引きや窃盗犯などは、声をかけられることで「ヤバい、見られた！」と怖じ気づき、その場から立ち去るのが常です。

同様に、「いらっしゃいませ」「こんにちは」などの一言が、イライラを抱えるモンスター予備軍の暴走を食い止めます。**犯罪者は「見られる」ことを嫌いますが、お客様は「見られない」ことに腹を立てている**かもしれないのです。

私自身、ひとりの客としてイラッとした経験があります。地元の携帯電話ショップに足を運んだときのことです。平日の午前11時、店内にいる3人のスタッフは全員がカウンターに座って、パソコン画面を見ながらデータを打ち込んだり、なにやら手作業をしたりしています。私のほかに客はいませんでしたが、誰も私の存在に気づいていません。しかたがないので、私から声をかけました。

「ちょっと、いいですか？」

若い女性スタッフは、チラッと目を向けて、「はぁ」とひと言。

私は「その言い方は失礼だろ！」とカチンときましたが、自分の娘のような年齢の女性にクレームをつけるのも大人げないので、「もういいです」と言い残して店を出ました。従業員の挨拶がなかったばかりに、ひとりの見込み客を逃しただけでなく、お客をモンスターに変身させかねなかったのです。

お客様のイライラを鎮める「ひと言」

挨拶や声がけが大切なのは、商業施設に限ったことではありません。

たとえば、病院の待合室では長時間待たされた患者がイライラを募らせています。待合室に新聞や雑誌も備えつけられていますが、ペラペラとページをめくったあと、すぐに放り出します。じっくり記事を読めるほどの心の余裕がないのです。あなたにも、そんな経験はないでしょうか？

こんなとき、看護師や受付の職員が**「お待たせしてすみません。順番にご案内しておりますので、もうしばらくお待ちください」**とひと声かけるだけで、患者の苛立ちは、たとえ少しでもやわらぐはずです。「あと3人の患者さんの診察が終わったら、すぐにお呼びしますね」などと、待ち時間を詳しく伝えられればベストでしょう。「多くの人を診ているのだから、いちいち待合室の患者にかまっていられませんよ」と弁解する病院関係者もいますが、そこには「患者を診てやっている」という思い上がりが透けて見えると私は感じます。

そもそも、**挨拶は、視界を広げて、相手に「目配り」「気配り」すること**です。せっかく挨拶をしても、それが形式的なものであると相手に伝わってしまっては、意味がありません。

たとえば、少数の従業員で切り盛りしているコンビニでは、レジで接客をするだけで手一杯の状態になっていることが、よくあります。

「いらっしゃいませ。（ピッピッピ）1000円お預かりします。ありがとうございました」

お客様への挨拶は接客マニュアルに沿った型通り。視線は常に手元のレジ袋に注がれています。これでは、クレームや犯罪に対する抑止効果は期待できません。

本来、「いらっしゃいませ」の挨拶は、レジではなく来店したお客様に向けられるべきものです。店員はレジ回りだけでなく、出入口への目配りを怠ってはいけません。レジを打ちながらでも、横目でチラッと出入口を見て挨拶します。

レジの前で長時間待たされるお客様からは苦情も出るでしょうが、別の客に挨拶したからといって、文句を言う人はいないでしょう。

ヘソを向けて目を見て挨拶する

「飴ちゃん食べへんか」

「あんた、どこ行くの？」

大阪のおばちゃんは、かばんの中に飴を常備し、初対面でも誰彼なしに声をかけたりします。じつは、彼女たちは声がけの天才であり、危機管理の達人です。

私は、ヒョウ柄をまとったおばちゃんが、飴をシェアすることで相手との関係性を縮めている場面を何度も目にしています。安価で携帯性に優れた飴を、コミュニケーションツールとして上手に活用しているのです。

一説では、「騒がしい子どもに飴を与えると静かになる」という理由で「飴ちゃん」が普及し始めたともいわれています。「クレーマー予備軍」に対して丁寧な挨拶を呼びかけるのは、道理にかなった危機管理なのです。

挨拶では、相手と目を合わせることが大きなポイントです。ただ、目線の合わせ方は意外に難しいものです。相手の目をにらみつけるわけにはいかず、かといって目をそらすこともできません。

そこで私は、**相手の目元から両肩にかけて三角形を描き、３つの頂点に時間差をつけて焦点を合わせる**ようにしています。また、男性のネクタイの結び目のあたりを見つめると、自然な視線になるともいわれています。

最低限押さえておきたいのは、**相手にヘソを向けて話す**ことです。

そうすれば、少なくとも、相手と真剣に向き合っていることは示せます。

23

パニックになりそうなときは？

「呼吸法」と「ストレッチ」を覚えておく

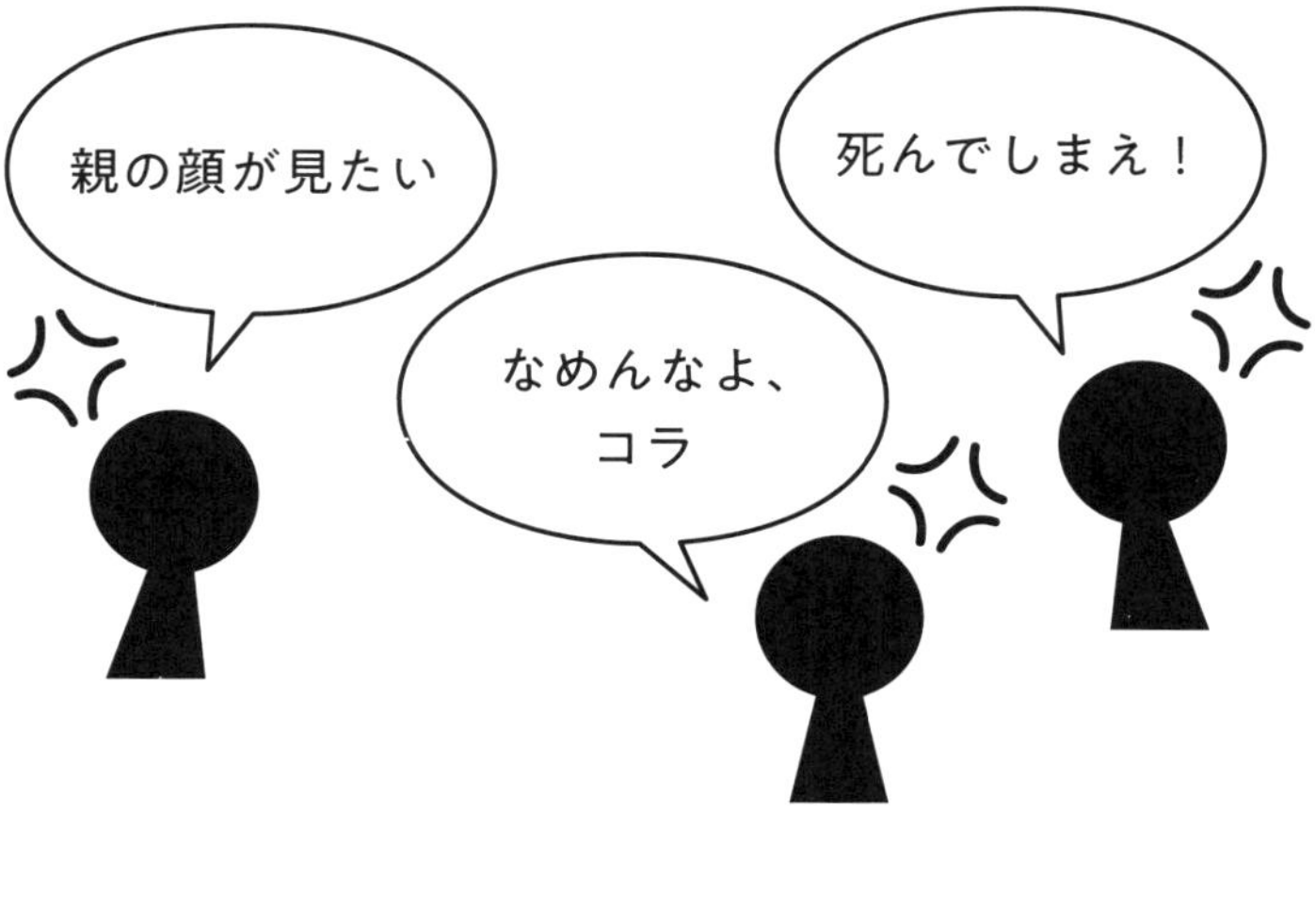

「臍下丹田呼吸法」をマスターしておく

最後に、クレーム対応に役立つトレーニングを紹介するために、警察官時代のお話をします。クレーマーに立ち向かうために、ぜひ習得してください。

警察学校卒業後は、否が応でも犯罪の最前線に立たざるをえません。たとえば、「覚醒剤の乱用者が刃物を持って暴れている」と無線で連絡が入れば、現場にかけつけなければならないのです。正直なところ怖いです。警察官にも恐怖心があります。

ある日、先輩警察官が刃物を持って暴れている酔っ払いに立ち向かい、警棒で刃物を叩き落したつもりが、手元が狂って太ももを刺されました。この先輩は剣道五段です。こんな失敗をしたのは、一瞬、恐怖心から冷静さを失ったからです。

そういうときに冷静であり続けるために「いざというときのために覚えておけ」と教官から教えられたのが**「臍下丹田《せいかたんでん》呼吸法」**です。

臍下丹田とは、東洋医学でいう「体内の氣が集まるところ」です。臍下丹田呼吸法は、**ヘソの下と恥骨との間の丹田に力を込めて、ゆっくり息を吐き出す**呼吸法です。

やり方は簡単です。

①６つ数える間に息を吐き切る
②空になった肺に、ゆっくり３つ数えながら空気を入れる
③満杯になったら、丹田に手を当てて、１秒待つ
④「よし！」と気合を入れる

一連の動作にかかるのは約10秒。これだけで、毅然と対応する準備ができます。パニックとは、いわば体内の氣が飛んでいる状態です。そこに氣を入れ直すことによって冷静さを取り戻すのです。私は今でも、手強いクレーマーを相手にするときには、毎回実践しています。

クレーマーの自宅を訪問したり電話をかけるとき、臍下丹田に力を込めれば、「死んでしまえ！」「この役立たず！」といった人格を否定されるようなセリフを浴びたり、「なめんなよコラ」などと絡まれたりしても、気持ちを強くもつことができます。

臍下丹田呼吸法と同様に、**「数息《すうそく》」**という方法でも、呼吸を整え、雑念を取り払うことができます。これは、座禅を組んで、**息を吐くときに１から10まで数をカウントすることで、呼吸に意識を集中し、精神を安定させる**呼吸法です。吐き切れば、吸うことは意識しなくてもできます。

要人警護のSPに学ぶ「足指ストレッチ」

クレーム対応で窮地に追い込まれそうなときは、ちょっとした動作で「心のスイッチ」を切り替えることもできます。

要人警護のセキュリティポリス（SP）は、日頃から「心技体」を統制しています。一般の人が、SPの技術をそのままの形で取り入れることは無理ですが、そのエッセンスを吸収することはできます。

その代表的なものが「氣」の働かせ方です。要人警護では、腕力よりも氣の働かせ方のほうが重要です。なぜなら、氣が動作にあらわれるからです。SPに剣道の高段者が多いのもうなずけます。

剣道の高段者が間合いをとるときは、足の指をムカデのようにして、じりじりと間合いを詰めていきます。じつは、**慌てないで的確な行動をとるには、足の指の動かし方が重要なポイント**になります。身体を動かすには、まず足の指に力を入れて踏ん張る必要があるからです。身体全体のストレッチができない状況でも、足の指を1本ずつ確認しながら折ってストレッチしておけば、いざというときも機敏に動くことができます。

私もクレーマーとの厳しい交渉が始まる前には、**こっそり足の指を親指から1ずつ動かして確認する**ようにしています。左右で10本、ちょうど10秒程度です。これで、かなり精神的に落ち着くことができます。私は数年前から**5本指靴下**を愛用していますが、それはこの「足指ストレッチ」のためでもあります。

加害者にならないための「やり過ごす技術」

クレーム現場のストレスに押しつぶされないためには、完璧主義を捨てることも大切です。クレーム対応で失敗する人の多くは、「絶対に失敗はできない」「100点の対応をしなければならない」という真面目な人が多いのです。

酔っ払いが警察官に絡むのは日常茶飯事ですが、それは警察官が一般市民に対して「手を出さない」ことを知っているからです。それと同様に、クレーマーは真面目でおとなしい人を狙う傾向があります。

私にとって忘れられない出来事があります。

コンサルタントとして、ようやく独り立ちした頃のことです。

牛丼チェーンの痛ましい事例

2004年、男性が東京墨田区の自宅マンションで背中や胸をナイフでメッタ刺しにされて死亡するという事件が起きた。

被害者は、ふだんは寡黙な介護士（当時36歳）。一方、加害者は全国チェーンを展開する牛丼屋の店長（当時26歳）。2人とも善良な市民だったが、その背後にはクレーマーとその担当者という関係があった。

事件の発端は些細なことだった。ある日の昼食時、被害者男性は自宅近くにある牛丼屋に立ち寄り、持ち帰り弁当を注文したが、椅子に腰掛けて待っている間の接客態度に腹を立てた。

「店内で食べる客にはコップで水を出すのに、オレにはなにも出さないのか！」

店長が持ち帰り客への配慮に欠けていたことを詫びて、その場は収まったが、それからまもなく、男性客から電話が入った。

「さっき、持ち帰りの弁当を買った者だが、弁当が傾いて中身がグチャグチャ。とても食べられない。どんなものを売ったのか、その目で確かめに来い！」

店長は、大急ぎで被害者の自宅を訪ねた。

「誠に申し訳ございません」と丁重にお詫びしたが、男性は許してくれない。

ちょうど昼食時で、店が立て込む時間帯だった。店長に抜擢されたばかりで、2人のアルバイト店員を残してきた店の様子が心配でならない。

「今日のところは、これでなんとか」と、店長はポケットから財布を取り出し、千円札を抜いた。罵声を浴びせていた男性は、なにくわぬ顔でそれを受け取った。

しかし、一件落着とはいかなかった。男性のクレームは日増しに過激になり、嫌がらせとしか思えない電話が1日に10回以上かかってくることもあった。

そしてついに、「お前の親の顔が見てみたい」のひと言で、店長がキレた。凶行に至ったのは、その直後である。

店長の凶行は決して許されるものではありませんが、警察の捜査によって、被害者の男性は同様の手口であちこちから金品をせしめる常習クレーマーだったことが明らかになりました。

この痛ましい事件は当時、世間を騒がせましたが、必ずしも特異なケースとは言い切れません。「相手を殺した夢を見た」と、クレーム担当者から私のもとにＳＯＳが送られてくることもあります。ＳＯＳすら発することができず、孤独感に苛《さいな》まれている人もいます。他人に頼ることは、本人のプライドが許さないのかもしれません。

日々、クレーマーと向き合っていると、自分の気持ちと折り合いがつかなくなることがあるでしょう。時には「そこまで言うなら、白黒つけようじゃないか！」と反撃したくなるかもしれません。もちろん、それは危険です。かといって、じっと我慢しているだけでは「姑息な自分」に腹が立ってきます。

では、どうすればいいのでしょうか？

私の方法は**「いきなり行動しない」**ということです。まずは臍下丹田呼吸法で心を整え、その間に自分の怒りが過ぎ去るのを待つのです。

これは私が警察官時代に身につけた方法ですが、今は、怒りを抑えるアンガーマネジメントの方法論について、専門家の本もたくさん出ています。自分なりの「やり過ごす技術」を身につけることが、結果的に自分を守ることになるでしょう。

ただ、それでも事態が好転するとは限りません。その場合、私は**「自分がやっつけなくても、いつか誰かが〝倍返し〟してくれる」**と考えるようにしています。神様が天罰を与えてくれると信じて、自分の心を落ちつかせるのです。

すべてのお客様に満足してもらうために完璧な対応をしなければならない、と考える余裕のなさが、モンスタークレーマーの狙いどころでもあります。半歩退いたり、事態を見守ったりすることで、相手の攻撃をかわすことができるのです。

［著者］
援川 聡（えんかわ・さとる）
（株）エンゴシステム代表取締役。1956年広島県生まれ。79年大阪府警察官を拝命。95年に大手流通業（株）マイカルに就職。元刑事の経験を生かし、トラブルやハードクレームの対応にあたる。適切で確実な解決術は高い評価を受け、業界団体の講師を務めるなど悪質クレーム処理の専門家として認知される。2002年、「困難なクレームを解決し、企業の危機管理を援護する」をモットーに（株）エンゴシステムを設立。豊富な現場経験と独自のノウハウをもとにリアルタイムで企業、医療機関、役所等をサポート。常に十数社と顧問契約を結び、これまでアドバイスした件数は5000を超える。講演・セミナー講師を年間100回以上務めるほか、新聞・雑誌への寄稿、NHK「ニュースウオッチ9」、日本テレビ系「news every.」、フジテレビ系「プライムニュースイブニング」などテレビ出演も多数。
著書に『現場の悩みを知り尽くしたプロが教える クレーム対応の教科書』（ダイヤモンド社）、『クレーム処理のプロが教える 断る技術』（幻冬舎）、『クレーマーの急所はここだ！ 超プロがついに明かす どんな問題もすべて解決！』（大和出版）などがある。

対面・電話・メールまで
クレーム対応「完全撃退」マニュアル
——100業種・5000件を解決したプロが明かす23の技術

2018年9月12日　第1刷発行
2018年10月29日　第4刷発行

著　者——援川 聡
発行所——ダイヤモンド社
〒150-8409　東京都渋谷区神宮前6-12-17
http://www.diamond.co.jp/
電話／03･5778･7236（編集）　03･5778･7240（販売）
装丁————山之口 正和（tobufune）
本文デザイン・DTP—初見弘一（TOMORROW FROM HERE）
編集協力——メディアポート、佐藤和子
校正————加藤義廣（小柳商店）
製作進行——ダイヤモンド・グラフィック社
印刷————信毎書籍印刷（本文）・慶昌堂印刷（カバー）
製本————ブックアート
編集担当——今野良介

ISBN 978-4-478-10377-7